RÉFUTATION

DU TRAITÉ DES DÉLITS

ET PEINES.

RÉFUTATION

Des Principes hasardés dans le TRAITÉ DES DÉLITS ET PEINES, *traduit de l'Italien.*

Par M. MUYART DE VOUGLANS, Avocat au Parlement.

A LAUSANNE,

& se trouve à Paris,

Chez DESAINT, Libraire, rue du Foin-Saint-Jacques.

———————————

M. DCC. LXVII.

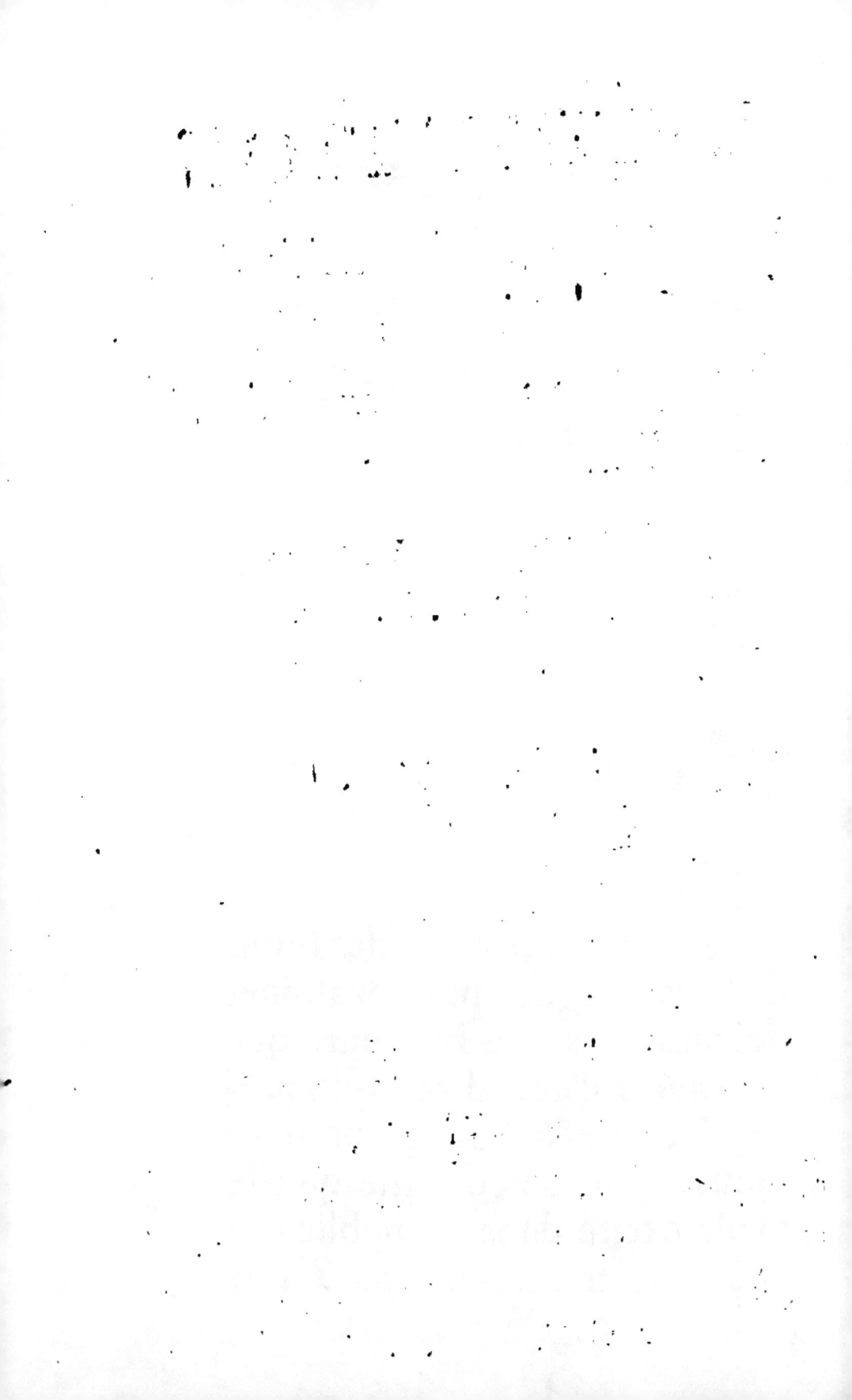

LETTRE

Contenant la Réfutation de quelques Principes hasardés dans le nouveau TRAITÉ DES DÉLITS ET PEINES.

MONSIEUR,

Je viens de profiter des loisirs de la campagne, pour examiner de plus près une Brochure que je n'avois d'abord fait que parcourir, entraîné par ce premier mouvement de curiosité qu'elle avoit excité dans le public ; je veux parler du nouveau *Traité*

A

des Délits & Peines. Un Ouvrage
Italien, traduit en notre langue,
après avoir eu jufqu'à trois édi-
tions en moins de fix mois, im-
primé à Laufanne, fans nom
d'Auteur, de Traducteur ni
d'Imprimeur, ne s'annonçoit-il
pas en effet, de manière à pi-
quer la curiofité des Lecteurs ?

Mais pouvoit-on fur-tout ne
pas céder à la démangeaifon de
le parcourir, d'après les éloges
pompeux que lui donnent, le
Libraire Italien dans fon Aver-
tiffement, & le Traducteur dans
fa Préface. « La Philofophie »,
dit le premier, « fublime & bien-
» faifante qui regne dans cet
» Ouvrage ; l'amour de l'huma-
» nité, & les profondes idées,
» fuffifent pour montrer les
» motifs qui ont animé l'Auteur,
» & prouvent qu'il a eu pour
» objet cette malheureufe Partie

» du genre humain, jusqu'à pré-
» fent victime d'opinions trop
» cruelles, & non pas d'offen-
» fer aucun Gouvernement par-
» ticulier » . . . . Il fouhaite,
(*ajoute le Traducteur*, en termes
encore plus pathétiques), « ex-
» citer dans les cœurs ce doux
» frémiffemènt par lequel les
» ames fenfibles répondent à lı
» voix du défenfeur de l'hum..-
» nité. Son fouhait eft accompli,
» l'amour de l'humanité, & la
» fenfibilité tendre qui régnent
» dans tout fon Ouvrage, & qui
» éclatent en traits de flamme
» dans une infinité d'endroits,
» portent l'émotion dans l'ame
» de fes Lecteurs. C'eft le fen-
» timent qu'il nous a fait éprou-
» ver ; & nous avons fait tous
» nos efforts pour le tranfmettre
» à ceux qui liront notre traduc-
» tion......Un livre où l'on plaide

» fi éloquemment la caufe de
» l'humanité, appartient défor-
» mais au Monde & à toutes les
» Nations ».

Je ne fais, Monfieur, fi vous
avez éprouvé, en lifant cet Ouvrage, ce vif fentiment dont le Traducteur fe fait fort, fi obligeam-
ment, pour tous les hommes.
Pour moi, je vous avoue que j'en
ai éprouvé un bien différent de
celui qu'il nous fuppofe. Je me
pique de fenfibilité comme un
autre ; mais fans doute que je
n'ai point l'organifation des fi-
bres auffi déliée que celle de nos
Criminaliftes modernes, car je
n'ai point reffenti ce *doux fré-
miffement* dont ils parlent. Le
fentiment dont j'ai été le plus
affecté, après avoir lu quelques
pages de cet Ouvrage, a été celui de la furprife, pour ne rien
dire de plus : je ne m'attendois

pas en effet, de trouver, sous le
nom d'un Traité des crimes,
une Apologie de l'humanité, ou
plutôt un Plaidoyer fait en faveur de cette malheureuse Portion du genre humain, qui en
est le fléau, qui la deshonore, &
en est quelquefois même la def-
tructrice.

Mais combien cette surprise
n'a-t-elle point augmenté, à mesure que je suis avancé dans la
lecture de cet Ouvrage? lorfque j'ai remarqué, à travers de
ces grands mots, de ces expres-
sions emphatiques par lesquelles
on cherche à nous éblouir, une
foule d'Assertions dangereuses,
qui m'ont bientôt fait juger que
l'*incognito* que garde l'Auteur,
est bien moins l'effet de sa mo-
destie que de sa prudence.

Que penser en effet d'un Auteur qui prétend élever son fis-

tème fur les débris de toutes les
notions qui ont été reçues jufqu'ici ? Qui pour l'accréditer fait
le procès à toutes les Nations
policées ; qui n'épargne ni les
Légiflateurs, ni les Magiftrats,
ni les Jurifconfultes ; qui ne ref-
pecte pas même les Maximes
facrées du Gouvernement, des
Mœurs, & de la Religion ; qui
ofe avancer entr'autres :

P. 37.   « Que la barbarie & les idées
» féroces des chaffeurs du Nord,
» à qui nous devons notre ori-
» gine, fubfiftent encore parmi
» le peuple, dans nos mœurs &
» dans notre *légiflation*......

P. 3.6.   » Que le fiftème actuel de no-
& 266. » tre Jurifprudence, eft pure-
» ment *offenfif* & préfente l'idée
» de la force & de la puiffance,
» plutôt que celle de la Juftice.

P. 132   » Que les Magiftrats font des
& 26. » *Ufurpateurs* d'un pouvoir ty-

» rannique , dont la prudence
» *arbitraire* eſt toujours dange-
» reuſe, & qui font traduire un
» coupable à la mort, en céré-
» monie , avec *indifférence* &
» *tranquillité*........

  » Que les Juriſconſultes ſont P. 50.
» des *Ecrivains intéreſſés*, dont
» les opinions étoient vénales ;
» qui ont chargé la Juriſpru-
» dence de formalités inutiles,
» dont l'exacte obſervation fe-
» roit aſſeoir l'impunité de l'A-
» narchie ſur le trône de la
» Juſtice.......

  » Que le droit de punir n'a P. 14.
» d'autre fondement que l'aſ-
» ſemblage de toutes les por-
» tions de liberté, *les plus peti-*
» *tes* que chacun ait pû ce-
» der..... Que tout exercice de
» pouvoir qui s'étend au-delà
» de cette baſe, eſt abus & non

(8)

» justice, est un fait & non un
» droit......

» Qu'aucun homme n'a fait
» le sacrifice de sa liberté *gra-*
» *tuitement*, & dans la seule vue
P. 11. » du bien public : Que chacun
» de nous voudroit, s'il étoit
» possible, que les conventions
» qui lient les autres, ne le lias-
» sent point lui-même, & se fait
» le centre de toutes les combi-
» naisons de l'univers......

P. 10. » Que c'est dans les sentimens
» du cœur humain qu'il faut
» chercher l'origine des peines,
» & le fondement du droit de
» punir.......

P. 31. » Que ceux qui connoissent
» l'Histoire de deux ou trois sie-
» cles & la nôtre, pourront voir
» comment du sein *du luxe* & de
» *la mollesse*, sont nées les plus
» douces vertus, *l'humanité*, la

(9)

» *bienfaifance*, la *tolérance des*
» *erreurs humaines*......

  » Que parmi les peines, l'on P. 107.
» doit employer celles qui, étant
» proportionnées au crime, fe-
» ront l'impreffion la plus dura-
» ble fur les efprits, & en même
» tems la *moins cruelle* fur le
» corps du coupable......

  » Que l'on doit abolir l'ufage P. 67.
» de la *Torture*......

  » Que l'on doit auffi abolir P. 114
» la peine de *Mort*, parce que les & *fuiv.*
» Loix n'étant que la fomme des
» portions de liberté de chaque
» particulier, les plus petites que
» chacun ait pû céder; on ne
» peut préfumer que Qui que ce
» foit, ait jamais voulu donner
» aux autres le droit de lui ôter
» la vie......

  » Que la vie n'eft au pouvoir P. 132.
» de perfonne, que de la *Nécef-*
» *fité* qui régit l'univers......

P. 119. » Qu'au lieu de la peine de » mort, il faudroit substituer cel- » le de l'ESCLAVAGE PERPÉ- » TUEL , par lequel l'homme » deviendroit un *animal de ser- » vice*, pour réparer par les tra- » vaux de toute sa vie, le dom- » mage qu'il auroit fait à la so- » ciété. . . . .

P. 116. » Que le seul cas où la mort » pourroit être nécessaire, seroit » celui où le Citoyen privé de » sa liberté, auroit encore des » rélations & une puissance qui » pourroient troubler la tran- » quillité d'une Nation, & que » son existence pourroit produi- » re quelque révolution dans la » forme du Gouvernement. . . . .

P. 257. » Que le crime n'est que la » violation du *Pacte social*. . . . .

P 174. & suiv. » Que la vraie mesure de la » gravité du crime , est le » *dommage* qu'il apporte à la so-

(11)

» cléré, & que cette gravité ne
» doit se considérer, ni du côté
» de l'*intention* de celui qui com-
» met le crime, ni du côté de la
» *dignité* de la personne offen-
» sée, ni même de la grandeur
» de l'*offense faite à Dieu*.......

····» Que l'on ne doit point pu-*P. 99.*
» nir aussi sévérement les cri-
» mes commencés, que ceux qui
» sont consommés;..... ni les
» complices, que les auteurs du
» crime.......

····» Que les peines doivent être *P. 193.*
» les mêmes pour les Personnes
» *du plus haut rang*, que pour
» le dernier des Citoyens........

····» Que les circonstances du *P. 245.*
» *lieu & du siecle* où l'Auteur
» écrit, & la matière qu'il traite,
» ne lui permettent pas d'exa-
» miner la nature d'une espèce
» de délit qui a rempli l'Europe
» de sang......

P. 144. »Qu'on ne doit point punir » de peines corporelles le *Fa-* »*natifme*, mais fimplement de » l'infamie.......

P. 96, 242, & 243. ·»Qu'à l'égard de certains cri- »mes qui font occultes de leur » nature, tels que l'*Adultere*, la » *Pédéraſtie* (ou *Sodomie*) & l'*In-* »*fanticide*, comme leur fréquen- »ce eſt bien moins la fuite de » leur impunité, que l'effet des » caufes différentes ; le danger » de les laiſſer *impunis* n'eſt pas » d'une auſſi grande importance. »Que la difficulté d'en trouver » la preuve compenfe aux yeux »de la Loi, la probabilité de » l'innocence. Qu'on ne doit ad- »mettre pour ces fortes de cri- »mes, ni préfomptions, ni fé- »mi-preuves.......

P. 244. » Qu'on ne peut appeller pré- »cifément juſte (*ou ce qui eſt la* »*même choſe néceſſaire*) la puni-

» tion d'un crime, tant que la
» Loi n'a pas employé pour les
» punir, les meilleurs moyens
» possibles dans les circonstances
» données, dans lesquelles se
» trouve une Nation......

» Que l'on ne doit décerner P. 236,
» aucune peine pour le *Suicide.*
» Que ce n'est pas un crime de-
» vant les hommes, puisque la
» peine, au lieu de tomber sur
» le coupable, tombe sur son in-
» nocente famille......

» Qu'en vain a-t-on décerné P. 205.
» la peine de mort pour le *Duel.*

» Qu'en fait de *Banque-* P. 215
» *route*, la difficulté de démê- & suiv.
» ler si le Banqueroutier est cou-
» pable ou non de mauvaise foi,
» fait croire à l'Auteur qu'il y
» a peu d'inconvéniens de laif-
» fer fa friponnerie impunie....
» Que l'importance des incon-
» véniens politiques de l'impu-

(14)

» nité d'un crime eſt en raiſon
» directe des dommages que le
» crime cauſe à la ſociété, & en
» raiſon *inverſe* de la difficulté
» qu'on éprouve à le conſta-
» ter.........

P. 205.　　» Que le *Vol* ne doit jamais
..» être puni de peines *pécuniai-*
» *res*, tant parce que ces ſortes
» de peines ôteroient ſouvent
» du pain à une famille innocen-
» te, & contribueroient peut-
» être à multiplier les vols, en-
» augmentant le nombre des in-
» digens; que parce que ce crime
» ſe commet ordinairement par
» des hommes pauvres & malheureux, auxquels le droit de
» propriété; (*droit terrible*, s'é-
» crie l'Auteur, & *qui n'eſt peut-*
» *être pas néceſſaire*), n'a laiſſé
» que la ſimple exiſtence....

P. 252.　　» Qu'une des ſources princi-
» pales des erreurs & des injuſ-

» tices de notre Jurisprudence,
» vient d'un ESPRIT DE FAMIL-
» LE, qui nous fait considérer
» l'Etat où nous vivons, plutôt
» comme une espéce de famille,
» que comme une société d'in-
» dividus entr'eux……

  » Que la morale *domestique* P. 256
» inspire la soumission, au lieu & suiv;
» que la morale *publique* inspire
» le courage, & fait quelque-
» fois porter le citoyen à s'im-
» moler à la patrie, en le ré-
» compensant d'avance par le
» fanatisme qu'elle lui inspire….
» Que dans la République de
» *famille*, les jeunes gens sont à
» la discrétion des pères ; au lieu
» que dans la République d'*hom-*
» *mes*, les liens qui attachent les
» enfans aux pères, sont les sen-
» timens sacrés & inviolables de
» la nature, qui les invitent à
» s'aider mutuellement dans leurs

» befoins réciproques, & fur-
» tout celui de la reconnoiffan-
» ce, pour les bienfaits qu'ils en
» ont reçus.........

P. 261
& fuiv. » Qu'une autre fource de nos
» erreurs vient de l'ESPRIT DU
» FISC, qui forme le but prin-
» cipal, auquel tend toute notre
» Jurifprudence ; tellement que
» c'eft pour cela qu'on tâche
» d'obtenir la confeffion de l'ac-
» cufé par les tourmens ; parce-
» que s'avouer coupable, c'eft
» fe reconnoître débiteur du
» Fifc........

P. 242. » Que l'on doit abolir la pei-
» ne de la *Confifcation* des juge-
» mens ; en ce que par l'ufage
» de cette peine, la tête du foi-
» ble eft continuellement mife à
» prix, & que l'on fait fouffrir
» à l'innocent la peine du cou-
» pable........

P. 284
& fuiv. » Que de tous les moyens pour
» prévenir

» prévenir les crimes, un des plus
» efficaces feroit celui de *perfec-*
» *tionner l'Éducation*..... *Qu'un*
» *grand homme qui éclaire l'hu-*
» *manité, dont il eſt perſécuté, a*
» *développé les principales maxi-*
» *mes d'une Éducation vraiment*
» *utile* »......

Je m'arrête ici, Monſieur,
perſuadé qu'en voilà bien aſſez
pour vous mettre en état d'ap-
prétier cet Ouvrage, & de fentir tout le danger de ſes con-
féquences ; ſur-tout pour ce qui
concerne le Gouvernement, les
Mœurs, & la Religion. Je laiſſe à
Ceux qui ſont chargés ſpéciale-
ment de cette partie de notre
Droit public, le ſoin d'exercer
leur cenſure, & d'employer
toute leur autorité pour en
arrêter la contagion. Qu'il me
ſoit ſeulement permis de pro-
poſer ici quelques réflexions

B

sur la partie qui est le plus de mon ressort, & de chercher à vanger notre Jurisprudence des imputations aussi gratuites qu'indécentes que l'Auteur lui a prodigué dans cet Ouvrage.

Nous avions regardé jusqu'ici la Grece & l'Italie, comme les sources principales où ont été puisés les premiers élémens de notre Jurisprudence ; & nous nous sommes empressés de rendre aux Legislateurs Romains sur ce point, le même hommage que ceux-ci crurent devoir rendre à ceux d'Athènes, lorsqu'ils y envoyerent chercher la Loi des douze Tables. Si nos Souverains ont apporté dans la suite quelque changement aux dispositions de ces premières Loix, ce n'est, comme l'on sait, que parce qu'ils s'y sont vus

entraînés par la nécessité des
circonstances ; l'on veut dire,
soit par la différence des Peuples qu'ils avoient à gouverner ;
soit par la distinction qu'il falloit
nécessairement mettre entre des
Nations à peine sorties de la
barbarie, & celles qui étoient
policées ; *soit* enfin, parce que
s'agissant en matière criminelle
de la vie ou de l'honneur de leurs
Sujets, auxquels ils avoient un
intérêt particulier ; il étoit juste
que le droit de donner des Loix
en cette matière, fut réservé
plus spécialement à l'autorité
de ces mêmes Souverains.

Quoi qu'il en soit, de la nécessité même où l'on a été de
changer ces premières Loix, il
en faut conclure que les der-
nieres n'en sont que plus sages
& plus salutaires, comme étant
le résultat de l'expérience, qui

eſt ſans contredit la régle la plus infaillible que l'on puiſſe prendre en cette matière.

Auſſi voit-on, que toutes les fois que nos Rois ont jugé à propos d'augmenter les peines qui étoient portées contre de certains crimes, ils ont toujours eu ſoin de donner pour motifs de leurs nouvelles Loix la mul- tiplicité & la fréquence de ces mêmes crimes, que la légéreté de leurs peines ſembloit avoir favoriſé juſqu'alors.

C'eſt auſſi, par le moyen de ces augmentations & de ces modérations ſucceſſives des pei- nes, que l'on peut dire à l'hon- neur de notre France, que la Juriſprudence y a été portée à un dégré de perfection qui lui fait tenir un rang diſtingué parmi les Nations policées: tel- lement que quelques-unes l'ont

même prise pour modèle dans
la réformation de leur Code
criminel.

S'il y est resté quelque chose
d'irrégulier & d'imparfait, ce
n'est pas que nos Législateurs
& les illustres Personnages dont
ils se sont servis pour la réda-
ction de leur Loix, n'ayent senti
ces défauts ; mais ils ont été
arrêtés, sans doute, par l'impossibilité d'y remedier, & de réduire sous des régles générales &
uniformes, une science qui étant
de droit positif, dépend moins
du raisonnement, que de l'expérience & de l'usage.

C'est cependant (Qui l'auroit
cru ?) c'est cette même Jurisprudence, fruit des veilles des plus
grands Magistrats & des plus cé-
lébres Jurisconsultes, qui fait aujourd'hui l'objet de la censure &
du mépris de l'Auteur du nou-

veau Traité des Delits & Peines ;
de ce Disciple obscur de la Philosophie (c'est ainsi qu'il se qualifie lui-même) qui ose s'ériger en
Précepteur du genre humain ;
qui du fond de son Cabinet
entreprend de tracer des Loix
à toutes les Nations, & nous
faire voir que nous n'avons rien
pensé jusqu'ici d'exact ni de solide sur une matière qui intéresse
le plus essentiellement la Société,
sur la punition des crimes, sur
la juste application des peines ;
enfin, de ce prétendu *illuminé* aux yeux duquel les Solons,
les Licurgues, les Papiniens, les
Cujas, en un mot les plus sages
Philosophes de la Grece, de
l'Italie, & de la France, ne sont
que de purs sophistes ; les siecles
d'Auguste & de Louis XIV.,
que des siecles d'erreurs & de
ténébres. Ecoutons-le parler lui‹

même dans le Chapitre qui sert
d'Introduction à son Ouvrage :
« Mais tandis que beaucoup de P. 4.
» préjugés se sont dissipés, *dit-*
» *il*, à la lumière de ce siecle,
» nous voyons qu'on ne s'est
» point occupé de réformer l'ir-
» régularité des Procédures cri-
» minelles, partie de la législa-
» tion aussi importante que né-
» gligée dans toute l'Europe.
» On ne s'est point élevé contre
» la cruauté des peines en usage
» dans nos tribunaux. On n'a
» point combattu ces erreurs ac-
» cumulées depuis plusieurs sie-
» cles. On n'a point opposé la
» force de la vérité connue, à
» l'abus d'un pouvoir mal dirigé,
» & à ces exemples répétés d'une
» atrocité froide. Cependant les
» gémissemens des Foibles sacri-
» fiés à l'ignorance cruelle & à
» l'indolence des Puissans ; des

» tourmens barbares, prodigués
» inutilement pour des crimes,
» ou mal prouvés ou chiméri-
» ques ; l'horreur des prifons,
» augmentée par ce qui fait le
» fupplice le plus grand des mi-
» férables ; l'incertitude de leur
» fort, auroit dû réveiller l'atten-
» tion des Philofophes, cette
» efpéce de Magiftrats, dont
» l'emploi eft de diriger toutes
» les opinions humaines »......

Tel eft le tableau odieux que
cet Auteur ofe tracer de notre
Jurifprudence actuelle. Mais fui-
vons-le dans le détail des pré-
tendues preuves qu'il fe propofe
de nous donner de cette cruauté des peines qu'il dit être en
ufage dans nos Tribunaux, de
cette irrégularité de nos procédures criminelles, de cette ignorance cruelle, de cette indolence
des Puiffans, de ces erreurs accumulées

cumulées depuis plusieurs fie-
cles, de ces tourmens barbares
prodigués inutilement pour des
crimes mal prouvés ou chimé-
riques ; & nous allons voir que
toutes ces qualifications font autant d'injures gratuites, bien dignes assurément d'un Auteur
qui se fait gloire d'avoir puisé
son sistème *dans le sein du*
luxe & de la mollesse, & d'ériger
en vertu la *tolérance des erreurs*
humaines........

Vous vous attendiez sans doute, comme moi, Monsieur,
sous l'annonce d'un *Traité des*
Délits & Peines, de trouver
une discussion exacte & méthodique des Loix & des Principes, qui sont relatifs à cette
matière, des citations d'Autorités
sur les Questions qui en peuvent
naître ; & sur-tout une Énumé-
ration exacte des différentes es-

péces de crimes , & de leurs peines, ainſi que des procédures néceſſaires pour parvenir à les con-
ſtater & à les punir, & cependant
vous verrez avec ſurpriſe, que
rien de tout cela ne ſe rencontre
dans l'Ouvrage en queſtion.
L'Auteur, qui n'a pu ſe diſſimu-
ler le reproche qu'on ſeroit en
droit de lui faire ſur des omiſſions
auſſi eſſentielles , prétend l'élu-
der en diſant : « Que la multitu-
» de & la variété de ces objets,
» d'après les diverſes circonſtan-
» ces des tems & des lieux, le
» jetteroient dans un détail *im-*
» *menſe* & ennuyeux». Mais eſt-il
bien recevable dans une pareille
excuſe? Quand on le voit annon-
cer en même tems, l'examen d'u-
ne multitude de Queſtions qui
exigeoient des détails beaucoup
plus immenſes & moins analo-
gues à ſon ſujet, telles que celles-

P. 7.

xi. « Quelle est l'origine des Pei-
» nes, & le fondement du droit
» de punir?.... Quels sont les
» moyens particuliers dans une
» bonne Législation pour saisir
» le criminel & découvrir &
» constater le crime?... La Ques-
» tion est-elle juste, & conduit-
» elle au but que se proposent
» les Loix?..... Comment éta-
» blir la proportion que les pei-
» nes doivent avoir avec les
» crimes?.... Quelle est la me-
» sure de la grandeur des Dé-
» lits?..... La peine de mort
» est-elle utile & nécessaire pour
» la sûreté & le bon ordre de la
» société?.... Quelle peine faut-
» il infliger aux différens cri-
» mes?.... Les mêmes peines
» sont-elles également utiles dans
» tous les tems?....Quelle influen-
» ce ont-elles sur les mœurs?....
» Quels sont les moyens les plus

C 2

» efficaces pour prévenir les cri-
» mes ?.,.»

Mais ce qui ne vous surpren-
dra pas moins, Monsieur, c'est
que l'Auteur ose se flatter d'a-
voir renfermé dans un petit vo-
lume *in·12* de 268 pages en *S.
Augustin*, l'entier développe-
ment de toutes ces Questions qui
ne demanderoit rien moins que
des Volumes *in-folio*.

Au reste la légéreté avec laquelle il traite tous ces objets,
vous fera bientôt juger qu'ils
n'ont fait que de lui servir de
prétextes pour y glisser ses Principes particuliers.

Nous avons déjà rapporté
ceux qu'il ose avancer, relativement aux maximes de la Législation ; il ne nous reste plus
qu'à parcourir ce qu'il dit tou-
chant la manière dont on doit
procéder à l'instruction & à la

punition des crimes : ou plutôt, de réfuter les Objections particulières qu'il nous fait sur l'un & l'autre de ces Points.

Mais avant que de nous livrer à ce détail, Qu'il nous soit permis d'écarter d'avance ce reproche général, que l'Auteur fait à notre Jurisprudence, d'être purement *offensive*, & de présenter *l'idée de la force & de la puissance, plutôt que celle de la Justice ?* Vous allez voir, Monsieur, qu'il ne fût jamais de reproche moins mérité, par la marche aussi sage que méthodique, avec laquelle elle s'exerce dans nos Tribunaux ; je puis même ajouter dans les Tribunaux des Nations les plus policées de l'Europe, & singulièrement dans ceux du Pays même où cet Ouvrage a pris naissance.

D'abord : Quant à la Procé-

dure, en voici les Actes princi-
paux, tels qu'ils se trouvent mar-
qués par l'Ordonnance de 1670,
qu'on peut regarder comme l'A-
bregé de toutes les Loix les plus
sages qui ont été rendues en
cette matière.

Le premier Acte, est celui de
la *PLAINTE*, qui se fait de deux
manières, ou *directement* par Re-
quête, ou par un Procès-verbal
que le Juge dresse sur la déclaration de la Partie plaignante ;
ou *indirectement* par la voie de
la Dénonciation, qui se fait au
Ministére public, lequel poursuit en son nom, & est tenu de
nommer le Dénonciateur à l'accusé renvoyé absous, pour qu'il
puisse poursuivre contre lui ses
dommages & intérêts, & même le
faire condamner à de plus gran-
des peines, si cette Dénonciation est jugée calomnieuse.

Comme, pour fonder une Accufation, il y a deux chofes à
établir; En premier lieu, que le
Crime a été commis, (ce qu'on
appelle conftater *le Corps du Délit*) & en fecond lieu, que l'Accufé en eft l'auteur; l'Ordonnance prefcrit enfuite la manière
de parvenir à l'une & à l'autre
de ces Preuves; fçavoir à la *pre-
miere*, par les PROCÈS-VER-
BAUX des Juges, & par les
RAPPORTS DES MÉDECINS
ET CHIRURGIENS; & à la
feconde , par les INFORMA-
TIONS, qui doivent être com-
pofées de témoins dignes de foi,
& exempts de tous reproches;
Quoique l'on puiffe auffi y en
admettre d'autres en certains
cas, fauf aux Juges d'avoir tel
égard que de raifon, à la foli-
dité & à la néceffité de leurs té-
moignages.

Indépendamment de la voie des Informations , la Preuve du crime peut encore s'acquérir de trois autres manières , suivant l'Ordonnance d'après la Loi Romaine * sçavoir : par Ecrit , par la Confession de l'accusé, & par des Indices] ou Présomptions. Ce qui a donné lieu à la division des Preuves en *testimoniale, litterale, vocale, & conjecturale.*

C'est sur le vu des charges & Informations que se donne le DÉCRET contre l'accusé. L'Ordonnance veut que ce Décret, soit plus ou moins rigoureux, suivant la nature du Crime , la

---

* Sciant cuncti accusatores eam se rem deferre in publicam notionem debere; quæ instructa sit apertissimis documentis; vel munita idoneis testibus , vel judiciis ad probationem indubitatis & luce clarioribus. *L. fin. Cod, de Testib.*

qualité des Parties, & celle de la Preuve. Elle veut de plus, qu'on ne puisse décerner le Décret de *prise de corps* contre des personnes domiciliées, que lorsqu'il s'agit de crimes méritant Peines afflictives, ou infamantes.

Sur ce Décret, ou l'Accusé comparoît, ou il ne comparoît point ; en ce dernier cas, on lui fait son Procès par *CONTUMACE*, après lui avoir fait donner deux assignations différentes, l'une à quinzaine, & l'autre à huitaine à son de trompe.

Lorsqu'il comparoît, on lui fait subir *INTERROGATOIRE*, sur les faits résultans des charges & informations. Le Juge ne doit y procéder, qu'après avoir fait prêter *serment* à l'accusé, afin que le respect dû à la Religion, le porte plus volontiers à dire la vérité ; mais il doit n'ufer d'aucune furprife à fon égard, & faire attention, que cet Interrogatoire n'eft pas feulement fait pour acquérir des preuves contre l'accufé, mais encore pour fervir à fa décharge, par le moyen des faits juftificatifs, qu'il a droit d'y pofer, aux termes de l'Ordonnance.

C'eft fur le vu, tant de cet Interrogatoire, que des charges & Informations que le Juge doit, au cas que l'accufation lui paroiffe de nature à ne pouvoir donner lieu qu'à de fimples condamnations pécuniaires, convertir le Procès criminel en Procès ordinaire ; ce qui s'appelle *civilifer* le Procès. Si au contraire il trouve que la matière demande une plus ample Inftruction, & foit de nature à pouvoir donner lieu à quelque peine afflictive ou infamante , il doit ordonner *LE REGLE-MENT à l'extraordinaire*, c'est-à-dire, que les témoins seront *recollés* en leurs dépositions , & *confrontés* à l'accusé qui peut alors les reprocher, & poser pareillement ses faits justificatifs.

C'est après le Recollement & la Confrontation , que l'instruction est censée entiérement faite ; & que les Juges doivent s'assembler, pour procéder au Jugement définitif. Cependant, il y a encore un Acte essentiel de procédure , qui doit se faire en présence de ces Juges, avant qu'ils passent aux Opinions : c'est le *dernier INTERROGATOIRE* qu'on fait subir à l'accusé ; & dans lequel il peut aussi poser ses faits justificatifs. Il faut de plus observer , qu'en opinant sur le Procès, les Juges peuvent rendre trois fortes de Jugemens *interlocutoires* qui tendent à acquérir de nouvelles preuves, pour ou contre l'accufé.

Le *premier* eft celui par lequel l'accufé eft admis à la preuve de fes *FAITS JUSTIFICATIFS*, qu'il aura pofé dans fes Interrogatoires, & Confrontations.

Le fecond, eft le Jugement qui condamne l'accufé à la *QUESTION* ou Torture. Mais celui-ci ne peut avoir lieu, fuivant l'Ordonnance, que fous plufieurs Conditions également effentielles & rigoureufes. La *première*, que le crime foit de nature à mériter la peine de Mort. La *feconde*, que le Corps du Délit foit conftant. La *troifiéme*, qu'il y ait une preuve confidérable, que l'accufé en eft l'auteur; enforte qu'il ne man-

que plus que sa confession pour
le convaincre entiérement de
ce crime. La *quatriéme*, que le
Jugement ne puisse être rendu
qu'après l'entière instruction du
Procès, de manière qu'il ne reste
plus d'autre moyen d'acquérir la
preuve contre cet accusé. La
cinquiéme, qu'il ne puisse être
rendu par le Juge seul de l'instruction, mais par le même
nombre de Juges qui est prescrit
pour les Jugemens définitifs. La
sixiéme, que, s'il est rendu par des
premiers Juges, il ne puisse être
exécuté qu'après qu'il a été con-
firmé par les Cours supérieures,
encore même que l'accusé n'en
interjetteroit point appel.

Il y a encore un cas, où la
Question peut être ordonnée,
non point par un Jugement interlocutoire ; mais par le Jugement définitif même, qui con-

damne l'accusé au dernier supplice : c'est celui où le crime est de nature à n'avoir pu être commis par l'accusé seul, ou qu'il y a preuve par les charges & informations, qu'il a eu des Complices : Alors, il est d'usage d'ajouter dans le Jugement, que l'accusé sera mis préalablement à la Question, pour avoir révélation de ses Complices; ce qui a fait appeller cette Question *Préalable*, pour la distinguer de celle qui s'ordonne avant le Jugement définitif, & qu'on appelle par cette raison, Question *Préparatoire*.

La *troisième* espèce de Jugement interlocutoire, qui peut se rendre lors de la visite du Procès, est celui du plus AMPLEMENT INFORMÉ, qui a lieu, toutes les fois qu'il n'ya pas assez de preuves pour condamner, & qu'il n'y en

a pas non plus affez pour ab-
foudre l'accufé. Nous parlons
principalement ici du plus *amplement informé à tems* , comme
de fix mois ou d'une année ,
après lequel tems , il faut re-
voir le Procès, pour rendre le
Jugement définitif. Car pour le
plus amplement informé *indé-
fini* , qu'on appelle autrement
ufquequo , on peut dire , qu'il
participe plutôt du Jugement
définitif, que de l'interlocutoire,
en ce qu'il ne donne point lieu
à la révifion du Procès, à moins
qu'il ne furvienne de nouvelles
Preuves.

Enfin , hors ces cas particuliers, & lorfqu'il n'y a plus de
nouvelles preuves à efpérer, les
Juges doivent paffer au *JUGE-
MENT DÉFINITIF*. L'Ordon-
nance prefcrit plufieurs chofes , foit pour la forme , foit

pour le fond de ce Jugement. Elle veut d'abord, quant à la *Forme*, qu'ils y procèdent *inces-samment* & par préférence aux affaires civiles. Elle fixe ensuite le *nombre des Juges* qui doivent y affister, & le *nombre des voix* qui est nécessaire pour prevaloir en cette matière : elle veut qu'il ne puisse y avoir de partage, comme en matière Civile ; mais que, lorsqu'il y a égalité de voix, l'on s'en tienne à l'avis le plus doux ; de manière que l'avis le plus sévére ne puisse l'emporter, que lorsqu'il prévaut d'une voix dans les Procès qui se jugent à la charge de l'appel, & de deux, dans ceux qui se jugent en dernier ressort.

Pour ce qui concerne le *Fond* de ce Jugement, il doit consister nécessairement dans l'ab-
solution

folution, ou dans la condamnation de l'accufé.

1°. Quant à l'Abfolution ; elle
peut être prononcée d'une manière plus ou moins complette ,
fuivant la qualité de la preuve qui
eft au Procès. Ainfi lorfqu'il n'y a
au Procès aucune preuve contre
l'accufé ; alors, les Juges doivent
fans difficulté prononcer fon abfolution *pure & fimple*, & condamner fes Accufateurs ou Dé-
nonciateurs à fes dommages &
intérêts ; & même à de plus gran-
des peines, fi l'accufation ou la
dénonciation font évidemment
calomnieufes. Il en doit être de
même dans le cas, où les preuves que l'on oppoferoit à l'accufé, fe trouveroient détruites
par celles de fes faits juftificatifs ;
ou même contrebalancées par
d'autres preuves ou circonftan-
ces qui militeroient en fa faveur ;

D

parce que dans le Doute, la Loi veut que l'on panche toujours en faveur de l'accusé. * Mais si les preuves que l'accusé rapporte pour sa justification, n'étoient point assez fortes pour dissiper tous les soupçons qui s'élevent contre lui ; alors c'est le cas du *HORS DE COUR*, dont l'effet est d'empêcher, que l'Accusé ne puisse poursuivre ses dommages & intérêts contre son Accusateur ou Dénonciateur.

2°. Si au contraire, bien loin de pouvoir justifier son innocence, l'accusé se trouve *duement* convaincu, par les preuves qui résultent des charges & informations. Dans ce dernier cas, le Juge ne peut se dispenser de

---

* Actore non probante reus absolvitur. *V. L.* 4. *Cod. de Edendo.*

fe condamner à la *peine* que mérite fon crime.

Mais quand peut-on dire que l'accufé eft duement convaincu, & qu'il eft puni de la peine que mérite fon crime? Pour ce-la, il faut diftinguer, parmi les différens crimes, ceux qui font *occultes* de leur nature, & fe commettent par trahifon, de ceux qui fe commettent ouvertement & fans préméditation. A l'égard de ces *derniers*, comme la preuve en eft facile à acquérir, l'on ne peut en ordonner la punition, que lorfque l'accufé eft convaincu de la manière la plus complette, comme par la dépofition conforme de deux témoins irréprochables, qui déclareroient lui avoir vu commettre le crime.

Mais à l'égard des crimes de la *première* efpéce, comme ils

ſe commettent en ſecret, &
avec des précautions, qui ren-
droient le plus ſouvent impoſſible la preuve dont nous venons
de parler, la néceſſité d'empêcher l'impunité de ces ſortes de
crimes, dont l'effet preſque
toujours inévitable les rend in-
finiment plus dangereux dans la
ſociété, a obligé de ſe relâcher
de la rigueur de cette preuve,
& d'y ſubſtituer les trois autres
genres de preuves, que nous
avons remarqué d'après l'Ordonnance & les Loix, ſçavoir :
la *Littérale*, la *Vocale*, & la
Conjecturale. Le dégré auquel
doivent être portées ces der-
nières preuves, pour opérer la
conviction, ſe trouve marqué
par les Loix, qui ont en même
temps déterminé les conditions
néceſſaires pour les rendre Ju-
ridiques. Nous croyons ſeule-

ment devoir observer ici en général, que ces preuves, quoiqu'imparfaites de leur nature,
peuvent devenir complettes par
leur réunion ; & c'est de quoi
l'Auteur n'a pu s'empêcher de
convenir lui-même, lorsqu'il
dit: *p.* 40. « Quant aux preuves
» imparfaites, il en faut un assez
» grand nombre pour former
» une preuve parfaite, c'est-à-
» dire, qu'il faut, que, quoique
» chacune n'exclue pas la possi-
» bilité de l'innocence, la réu-
» nion de toutes, contre l'ac-
» cusé, exclue cette possibilité...
» Que d'ailleurs les preuves im-
» parfaites ausquelles l'accusé ne
» répond rien de satisfaisant,
» quoique son innocence dût lui
» fournir les moyens d'y répon-
» dre, deviennent parfaites ».

Pour ce qui concerne la Manière de *punir* le crime, après

qu'il eft conftaté de quelqu'une
des manières que nous venons
d'indiquer ; il faut auffi diftinguer entre les crimes, ceux dont
la peine fe trouve déterminée
par la Loi, & ceux dont la peine
eft laiffée à l'arbitrage du Juge.
Cette diftinction eft tirée du
droit Romain, où les premiers
font appellés crimes ORDI-
NAIRES, & les derniers, crimes
EXTRAORDINAIRES. *Quia
extra ordinem puniuntur.*

A l'égard des Crimes de la
premiére efpéce, les Juges ne
peuvent prononcer contre l'accufé qui en eft convaincu, d'autres peines, que celle qui eft mar-
quée par la Loi, fans même pouvoir en augmenter ni tempérer
la rigueur. Il n'y a que le Prince
feul * qui puiffe abolir ou com-

---

* Supplicatur Principi, ut ipfe declaret

muer cette peine, *foit* par de
nouvelles Loix, duement pu-
bliées & vérifiées dans les Cours ;
foit par des Lettres de Grace,
qu'il accorde, & qu'il refufe auffi quelquefois dans certains cas
qui ne peuvent s'excufer, tels
que les crimes de Lèze-Majefté
& d'Affaffinat, &c.

Pour ce qui concerne les crimes, dont la peine ne fe trouve
point portée expreffément par
la Loi ; quoique ce filence fem-
ble laiffer aux Juges la liberté
de déterminer eux-mêmes cette peine ; ils ne doivent pas néan-
moins oublier, que le fujet particulier de ce filence, ne venant
que de ce que l'atrocité, ou
la légéreté de ces crimes, dé-

---

voluntatem fuam & duritiem Legis ejus
humanitati incongruam emendet. *L. 9. Cod.
de Leg. & Conftit. Princip.*

pend principalement des circonstances qui les accompa-
gnent, & qui peuvent varier à
l'infini, il faut aussi, pour qu'ils
se conforment à l'esprit de la Loi
sur ce point, qu'ils ayent soin,
dans la détermination de ces
peines, de ne point s'écarter de
certaines regles générales qu'elle
a établies en cette manière. *

Ces Regles, qui nous sont
tracées principalement par les
Loix Romaines, que l'Auteur
peut d'autant moins suspecter,
qu'elles forment le Droit commun de son Pays, sont : 1°. Que
la peine doit être proportionnée
à la qualité du crime. † Ainsi

---

* Facti Quæstio est in arbitrio judicis,
non etiam juris auctoritas. *L. Ordine* 25.
ff. ad municipalem.

†Pœna est commensuranda delicto. *L.*
Sancimus. Cod. de Pœnis. v. aussi *L.* 13. *ff.*
Cod. Tit.

comme

comme parmi les crimes, il y en
a qui attaquent la *Personne*,
d'autres l'*Honneur*, d'autres enfin, les *Biens*; les Loix ont auffi
diftingué à ce fujet, trois fortes
de peines, les Corporelles ou
afflictives, les Infamantes & les
Pécuniaires *.

De toutes les peines corporelles, la plus grande eft celle
de *Mort*; qui a lieu principalement pour les crimes qui attaquent directement la vie des
hommes; quoiqu'elle puiffe être
auffi infligée pour d'autres crimes, lorfqu'ils troublent effen-
tiellement l'ordre public, & qu'il
a été reconnu par expérience,
qu'il n'y avoit point d'autre
moyen d'en empêcher le pro-

---

* Pœna autem non tantùm pecuniaria
verùm Capitis & exiftimationis irrogari
folet. *L. aliud. §. 1. ff. de verbor. fignif.*

E

grès; ou les récidives, comme
v. g. en fait de Vol, & de Faux,
&c. Les autres peines corporelles
& afflictives, qui sont connues
parmi nous, sont, les *Galeres*,
le *Banniſſement*, le *Fouet*, la *Flé-
triſſure*, le *Carcan*, &c. L'on y
comprend auſſi la *Queſtion*,
quoique dans le principe nous
la conſidérions moins comme
une peine, que comme un
moyen pour parvenir à la preuve.

Les peines infamantes ſont,
le *Blâme*, l'*Amende-Honorable*,
ou même la *ſimple Amende* lorſ-
qu'elle eſt prononcée par Arrêt,
l'*Aumône* en matière civile, la
Dégradation de Nobleſſe, l'*Inter-
dit perpétuel d'un Office*.

Enfin les peines pécuniaires,
ſont la *Confiſcation*, les *Intérêts
Civils*, les *Dommages & Intérêts*, & les *Dépens*.

Une autre REGLE que le Juge doit fuivre dans l'application des peines, c'eft qu'il n'en peut point prononcer d'autres, que celles qui font établies par la Loi, ou par la Jurifprudence *.

Une troifiéme REGLE, c'eft que dans l'impofition des peines, le Juge ne doit affecter ni de la rigueur ni de la clémence, mais employer à propos l'une & l'autre, fuivant l'exigence des cas ; de manière qu'il panche plutôt pour la douceur en fait de Délits légers ; & qu'à l'égard des crimes graves, il tâche, en fe conformant à la Loi, d'y apporter tous les tempérammens qui peuvent dépendre de lui †.

_____

* Pœna non irrogatur, nifi quæ quaque lege, vel quo alio jure fpecialiter huic delicto impofita eft. _L._ 13. _ff. de verbor. fignif._

† Perfpiciendum eft judicanti ut quid, aut durius, aut remiffius conftituatur quam

Une quatriéme *REGLE*, c'est
que dans les cas abfolument
douteux, le Juge doit incliner
pour la clémence, par la raifon,
comme nous l'avons dit, que
l'on doit toujours pancher en
faveur de l'innocence de l'accufé *.

Une cinquiéme *REGLE*, c'est
qu'il doit augmenter ou dimi-
nuer les peines, fuivant les Cir-
conftances qui ont accompagné
le crime ; c'eft-à-dire, fuivant
le *Motif* ou la *Caufe* qui a porté

---

caufa depofcit ; nec enim , aut feveritatis ,
aut clementiæ gloria affectanda, eft ,
fed perpenfo judicio prout quæque res
expoftulat ftatuendum eft.... Planè in le-
vioribus caufis, proniores debent effe Judi-
ces ad lenitatem , in gravioribus feveri-
tatem legum cum aliquo temperamento ,
benignitatis fubfequi. *L. Perfpiciendum* 1·1.
ff. de Pœnis.

* Satius eft impunitum relinqui facinus
nocentis , quàm innocentem damnari, *L.
5. ff. de Pœnis.*

à le commettre, la *Perfonne* de celui qui l'a commis, ou envers qui il a été commis, le *Lieu* où il eft arrivé, le *Tems* ou l'heure, la *Qualité* ou la manière circonftantiée du crime, la *Quantité* ou la mefure qui s'y eft trouvée, Enfin, l'*Événement* où les fuites qu'il a eu*.

Une fixiéme REGLE, c'eft qu'il y a lieu d'augmenter la rigueur des peines lorfque les crimes fe multiplient, *foit* dans la *même* Perfonne, par fa mauvaife habitude †; *foit* dans *Plufieurs*, par des exemples pernicieux qu'elles donnent §, *foit* mê-

---

* Caufâ, perfonâ, loco, tempore, qualitate & eventu. *v. L. aut facta ff. 1. ff. de pœnis.*

† Crefcentibus delictis. pœnæ exafperantur. *L. 28. ff. 3. ff. de Pœnis.*

§ Multis perfonis graffantibus exemplo opus eft. *L. 16. ff. 10. Ibid.*

E 3

me dans de certains Pays, dont
la position rend ces crimes plus
dangereux, comme par exemple, le ravage, ou l'incendie des
moissons dans des pays de bled,
celui des vignes dans le vigno-
ble, & enfin, l'altération des
métaux dans les lieux où il y a
des mines*.

Enfin, une septiéme & der-
nière REGLE, qui embrasse toutes les précédentes, c'est que le
Juge doit avoir soin que les
peines qu'il prononce, soient
telles, qu'elles remplissent en
même tems les trois objets† que
la Loi s'est proposée en les éta-

---

* Ut in Affrica messium incensores, in
Mysia vitium. ... Ubi metalla sunt, adul-
teratores monetæ.

† Ad emendationem rei..... Ad solatium
offensi...... Ut unius pœna metus possit
esse multorum. V. L. I. Cod. ad Leg. Jul. re-
petund.

blissant, sçavoir: 1° De corriger le coupable, & d'empêcher qu'il ne retombe dans le même crime, ou d'autres; 2° De venger le particulier offensé, du préjudice qu'il a souffert du crime; 3° Et enfin, d'assurer l'ordre public, en détournant les autres par la terreur des châtimens, de commettre de semblables crimes.

Tel est le Précis de notre Jurisprudence criminelle, soit pour la manière de procéder à l'instruction des crimes, soit pour celle de les punir. Jugez d'après cela, Monsieur, si notre Auteur est bien fondé dans le reproche qu'il lui fait, d'être un tissu monstrueux de cruautés, d'erreurs accumulées, d'irrégularités; d'être purement offensive, & de présenter l'idée de la force & de la puissance, plutôt que celle de la Justice. E 4

Peut-on au contraire n'y pas
reconnoître cette marche toujours égale, cette balance exacte de la Justice, qui pese tout
au poids du Sanctuaire, &
qui prête une main secoura-
ble à l'innocence opprimée; tandis que de l'autre, elle poursuit
& frappe de son glaive vengeur,
le vice confondu?

Mais pour mieux vous faire
sentir encore, s'il est possible,
toute l'injustice de pareils reproches; Suivons l'Auteur dans le
détail des objets particuliers, sur
lesquels il a exercé sa critique;
& vous allez voir, que soit par
affectation ou ignorance, il ne
se contente pas de vouloir transformer en de prétendus *abus*; les
usages les plus légitimes; mais
qu'il va même jusqu'à nous supposer de prétendus *usages* que
nous n'avons pas.

(57)

Je dis d'abord, qu'il nous prête des ufages que nous n'avons
pas, & je veux parler entr'autres
des imputations gratuites qu'il
nous fait.

» 1°. D'admettre les accufa- P. 55.
».tions fecrettes.

» 2°. De rejetter le témoi- P. 46.
» gnage des femmes.

» 3°. De laiffer à l'arbitrage P. 33.
» du Juge, le foin de déterminer
» les indices néceffaires pour em-
» prifonner un étranger.....

» 4°. De regarder la prifon P. 35.
comme infamante......

» 5°. D'autorifer les interro- P. 61.
» gations *fuggeftives*, ou les fur-
» prifes que peut faire le Juge à
» l'accufé qu'il interroge.

» 6°. Et enfin, de ne garder P. 50.
» aucune regle pour la preuve &
» la punition des crimes atroces,
» qui font occultes de leur nà-
» ture, tels que la *Pédéraftie*,
» l'*Adultere*, l'*Infanticide*, & de

» nous contenter à cet égard des
» plus légers indices , fuivant cet
» axiome des Jurifconfultes , *in*
» *atrociffimis leviores conjecturæ*
» *fufficiunt , & licet Judici jura*
» *tranfgredi* ».

Je ne fçais en effet où l'Auteur peut avoir pris tout ce qu'il nous impute fur ces différens points. S'il s'étoit donné la peine de confulter notre Code criminel, celui-même de toutes les Nations policées, & singuliérement de fon Pays, il auroit vu :

1°. Que ces *accufations fecrettes* dont il parle, ont été entiérement abolies avec les actions *populaires*, qui leur avoient donné naiffance ; & qu'elles l'étoient même déjà du rems des Empereurs, au rapport de Suetone & de Pline * ; enforte que nous

___

* V. *Suetton*. in Vefpaf. & *Plin*. in paneg. Traj. V. *L*. 2. *Cod. Theod. de Delat.* & *L*. 2. *ff. de Jure fifci.*

ne connoiſſons plus , comme
nous l'avons dit , d'autres Accuſateurs parmi nous , que ceux qui
ont quelque intérêt direct ou
indirect à la punition du crime ,
ſoit par le devoir de leur charge, comme le Miniſtere public ;
ſoit par le préjudice réel qu'on
en reſſent, ou comme Particulier, ou comme *Membre de la
Société*. C'eſt principalement
ſous ce dernier point de vue
que nous conſidérons les *Dénon-
ciateurs* ; quoique ceux-ci puiſ-
ſent avoir d'ailleurs un intérêt
direct à la pourſuite du crime,
& ne s'abſtiennent de paroître
ouvertement, que parce qu'ils ne
ſont point en état d'avancer les
frais du Procès. Au ſurplus, nous
ne les diſtinguons point des autres accuſateurs , c'eſt-à-dire ,
qu'ils ſont, comme ceux-ci , ſu-
jets à être pourſuivis par l'ac-

cufé renvoyé abfous pour *fes*
dommages & intérêts ; non-feulement lorfque leur dénonciation fe trouve calomnieufe, mais
même fimplement mal fondée ;
& que pareillement ils peuvent
pourfuivre leur dommages & intérêts contre l'accufé qui vient
à fuccomber.

2°. Il auroit vu aufli, que nous
admettons le témoignage des
femmes, en matière criminelle,
comme en matière civile ; &
que nous avons feulement rete-
nu l'exclufion que le Droit Romain avoit prononcé contr'elles,
par rapport aux Teftamens *.

3°. Que rien n'eft plus contraire
à l'efprit de nos Loix, que la

———————————————

* Ex eo quod prohibet Lex Julia de
adulteriis teftimonium dicere condemna-
tam mulierem , colligitur etiam mulieris
teftimonium in judicio dicendi jus ha-
bere. *L.* 18. *ff. de teftib.*

prétendue *liberté* qu'il suppose
dans les Juges de déterminer les
indices suffisans pour *emprison-
ner* un citoyen. Nous venons
de voir, d'après la disposition de
notre Ordonnance fondée sur
ces mêmes Loix *, que non-seulement les Juges sont astreints,
pour toutes sortes de Décrets,
de considérer la nature du crime
& la qualité de l'Accusé, aussi-
bien que celle de la preuve,
mais qu'ils doivent de plus, par
rapport au Décret de prise Corps,
ne le décerner contre des personnes domiciliées, que lorsqu'il
s'agit de crimes méritans peine
afflictive ou infamante: ensorte
que, si les premiers Juges ve-

---

* Æstimare solet (Judex) utrum in car-
cere recipienda sit persona, an militi tra-
denda, vel fide jussoribus committenda
pro criminis qualitate, vel propter hono-
rem, aut facultates. L. 1. ff. de custod. reori

noient à s'écarter de ces Régles,
l'Accusé peut faire réformer
leurs Décrets, par la voie de
l'Appel, & des Défenses qui lui
est ouverte par la même Ordonnance. Si cette Loi ne s'est pas
expliquée d'une manière plus
précise, relativement au dégré
de preuve qui étoit nécessaire
dans tous ces cas ; elle ne l'a
fait sans doute, que pour donner à entendre que ce dégré de
preuve devoit être différent,
suivant les différens crimes &
les différens Accusés ; & qu'en
général l'on ne devoit point
exiger, pour le Décret, une
preuve aussi considérable que
pour la Torture, ou pour la
condamnation de l'Accusé.

4° Qu'il s'en faut tellement
que nous regardions la *Prison*
comme *infamante* ; que nous
l'admettons en matière civile ;

comme en matière criminelle,
& que nous ne la regardons
pas même comme une peine,
suivant cette maxime générale
établie par les Loix Romaines:
*Carcer ad custodiendos non ad
puniendos homines adhiberi solet* *
tellement que ces Loix don-
noient même une action contre
ceux qui osoient en faire le
reproche †.

5° Que le reproche que l'Auteur
nous fait d'admettre les *Interroga-
tions suggestives* contre l'Accusé,
est d'autant plus gratuit & plus
injuste, que nous venons de voir,
d'après la disposition de notre

---

* V. L. aut damnum *ff. solent ff. de Pœnis.*
† Sic & D. Pius & alii Principes rescrip-
serunt, ut etiam de his qui requirendi ad-
notati sunt, non Quasi pro damnatis, sed
Quasi re integra queratur, si quis erit qui
eos arguat. *L. 6. Divus Adrianus. ff. de
custod. reor.*

Ordonnance, que le Juge doit
puiser dans les Interrogatoires
les faits justificatifs de l'Accusé.
D'ailleurs n'est-ce pas nous faire
injure, que de nous croire capables d'autoriser dans nos
mœurs des surprises que les
Loix Romaines ont réprouvé
elles-mêmes dans le tems du
Paganisme * ?

6° Nous n'avons jamais pensé
que les Indices, même les plus
légers, puissent suffire pour la
preuve des crimes les plus atroces qui sont occultes de leur
nature : loin de-là, nous avons

---

* Si parum prudenter non exquisitis
argumentis simpliciter denotare Irenar-
chem detulisse, sed si quod maligne aut in-
terrogasse, ut non dicta retulisse prodictis
eam compererit ut vindicet in exemplum
ne quid & aliud postea tale facere molla-
tur. *L. 6. ff. Divus Adrianus ff. de Custod.
ut exhib. reor.*

toujours

toujours eu pour maxime que
plus un crime eſt atroce, moins
il doit ſe préſumer ; &, ſi nous
avons admis la preuve par indices pour ces ſortes de crimes,
ce n'eſt, comme nous l'avons
dit, que parce qu'ils ſe commettent ſi ſecrétement & avec
tant de précautions, qu'il ſeroit
le plus ſouvent impoſſible de
trouver des témoins qui les auroient vu commettre. Au reſte
nous avons vu, d'après ces termes de la Loi *Indiciis ad probationem indubitatis*, que cette
preuve pouvoit être auſſi complette dans ſon genre, que celle par témoins ; ce qui s'entend
lorſque ces indices ſont tels qu'on
ne peut les regarder que comme
une conſéquence néceſſaire du
crime, qu'ils ſont en certain nombre, & qu'ils ſont prouvés chacun en particulier par deux té-

moins ; mais il faut fur-tout qu'ils
foient accompagnés de l'exiftence du corps du Délit qu'on fait
devoir être la baze de toute accufation dans des crimes qui
font de nature à laiffer des tra-
ces après eux. L'Auteur peut
d'autant moins contefter ce
principe, qu'il eft convenu d'ailleurs, comme nous l'avons obfervé, que les preuves imparfai-
tés pouvoient former une preuve parfaite, lorfqu'elles étoient
en certain nombre, ou avouées
tacitement par l'accufé qui ne
répondroit rien de fatisfaifant
à ce fujet. L'on feroit curieux
de favoir où il a puifé le prétendu axiome qu'il nous oppo-
fe ; il le cite d'après tous les Jurifconfultes en général, & cependant bien loin de trouver
ce langage unanime qu'il leur
fait tenir, l'on ofe dire qu'il n'en

eſt pas un ſeul de tous ceux qui
ſont les plus connus, même d'I-
talie, tels que Julius Clarus &
Farinacius * qui ne ſoutienne
des principes abſolument op-
poſés ; du-moins pour ce qui
concerne la condamnation de
l'Accuſé, car, pour le Décret,
nous avons vu que la Loi n'exi-
geoit point une preuve auſſi
complette ; & c'eſt vraiſembla-
blement de ce dernier cas qu'auroient voulu parler les Juriſconſultes dans le prétendu axiome qu'on leur attribue.

Quand nous avons dit que l'Auteur vouloit transformer en Abus
ce qui n'en étoit pas, nous avons
voulu parler de certains points
de notre Juriſprudence qu'il
combat, tels que ceux-ci. « De ré-

---

* V. Jul. Clar. Qu. 20. verſ. fin. & Far.
Qu. 86, Prax. Crim.

» jetter indiſtinctement le témoi-
» gnage des *infames* & de ceux
» qui ſont *morts civilement* ;.... de
» faire prêter *ferment* aux Accu-
» ſés avant leur interrogatoire ;...
» d'employer la voie de la *torture*
» pour leur faire confeſſer leurs
» crimes, ou révéler leurs com-
» plices ;... de prononcer la peine
» de *mort*,... & celle de la *con-*
» *fiſcation* des biens ;... de ne
» point tant confidérer dans le
» crime le *dommage* qu'il cauſe
» au Public, que l'*intention* de
» celui qui le commet, la *qualité*
» de la perſonne offenſée, & l'in-
» jure qu'il fait à *Dieu* ;... de pu-
» nir également les crimes com-
» mencés, comme ceux qui ſont
» conſommés ;... de punir moins
» févérement les crimes commis
» par des perſonnes d'un rang
» élevé, que ceux des perſonnes
» d'une condition baſſe ;... de ne

» pas préférer dans le choix des
» peines celles qui font les moins
» cruelles, & les moins fenfibles
» fur le corps du criminel ».

L'Auteur s'éleve contre tous
ces ufages, par des raifons que
nous allons reprendre, & réfuter en peu de mots.

Il prétend, en *premier* lieu,
que l'on doit admettre le témoignage des infâmes & des con-
damnés à mort, toutes les fois
qu'ils n'ont aucun intérêt de
mentir. Mais d'abord, comment
peut-on juger que des témoins
de cette efpéce n'ont aucun
intérêt de mentir? Qui ne fait
que des hommes capables de
commettre des actions mauvai-
fes, & reconnus publiquement
pour tels, font confifter le
plus fouvent leur intérêt particulier à nuire aux autres, & à les
entraîner avec eux dans le pré-

cipice? D'ailleurs comment peut-
on exiger raisonnablement que
la Justice leur rende sa confiance, après qu'ils en ont si in-
dignement abusé par des actions
qui l'ont obligé à les rejetter de
son sein, & à leur fermer l'en-
trée à toutes fonctions publiques? Enfin, pourquoi l'Auteur
veut-il que nous soyons moins
délicats sur ce point, que ne l'é-
toient les Romains eux-mêmes
de qui nous avons emprunté cet
usage * ?

P. 54.　2° L'Auteur se récrie contre
l'usage du *serment* qu'on fait subir
aux Accusés, & il le fait avec

---

* Nam quidam propter reverentiam per-
sonarum ; quidam propter lubricum consilii
sui , alii verò propter notam & infamiam
vitæ suæ admittendi non sunt ad testimo-
nii fidem *L. 3. ff. lege Julia ff. de Testib.*
　* In testimonium accusator non citare de-
bet eum qui judicio publico reus erit.
L. 20. ff. eod. Tit.

fi peu de réflexion, qu'il ne rapporte pas même la raifon la plus
fpécieufe que l'on pourroit donner à cet fujet, & qui a déterminé certaines Nations, & entr'autres l'Allemagne, à abdi-
quer cet ufage: fayoir, qu'il eft
à préfumer que tel qui a été
capable de commettre le crime,
eft capable de faire un parjure
pour le cacher. Les raifons
qu'apporte l'Auteur font d'une
part, qu'il eft, dit-il, contre la
Nature que le coupable s'accufe lui-même; & de l'autre,
que l'expérience fait voir que
jamais le ferment n'a fait dire
la vérité à un coupable. Mais s'il
falloit abolir le ferment, parce
qu'il eft contre la Nature que
le coupable s'accufe lui-même,
il faudroit par la même raifon
abolir l'interrogatoire, que l'Auteur convient néanmoins être

un acte essentiel de la Procédure. A l'égard de l'expérience, il s'en faut bien qu'elle ne
soit aussi certaine que l'avance
l'Auteur, puisque cet usage n'a
pas laissé que de se conserver
parmi nous, & presque dans
toutes les Nations policées, non-
obstant les efforts réitérés qu'on
a fait pour l'abolir. Et, comment après tout, ne s'y seroit-il
pas conservé, puisque les Payens
eux-mêmes n'ont pû s'empêcher d'en reconnoître l'utilité,
comme il paroît par ce passage
de Cicéron *? *Nullum enim vin-
culum ad astringendam fidem ju-
rejurando Majores arctius esse
voluerunt, indicant id Leges 12
tabul.*

P. 67
& suiv.   2° Si l'on en croit l'Auteur,

---

* Cic. de Offic. Lib. 3. servanda est
hosti fides. n. 111.

il faut aussi abolir l'usage de la
TORTURE, comme, étant une
voie tout à la fois, cruelle, injuste, inutile & dangereuse:
Cruelle, dit-il, en ce qu'elle tend
à tourmenter un homme avant
qu'il soit convaincu du crime;
injuste, en ce que c'est confon-
dre tous les rapports, que d'exiger qu'un homme soit lui-même son Accusateur; *inutile*, en
ce que, de l'aveu des Jurisconsultes, la confession faite dans
la Torture est nulle, si elle n'est
confirmée par serment depuis
la cessation du tourment; enfin
dangereuse, parce que l'expérience a fait voir que plusieurs
innocens d'une complexion foi-
ble se sont avoués coupables
dans ce tourment; tandis qu'une
foule de scélérats robustes ont
au contraire, par ce moyen,
échappé à la peine due à leur

G

crimes. L'Auteur prétend aussi s'appuyer de l'exemple des Romains, qui n'avoient, dit-il, réservé cette espece de tourment que pour leur Esclaves; & par celui de certaines Nations qui en ont banni entiérement l'usage.

On pourroit d'abord écarter d'un seul mot tout ce que dit l'Auteur à ce sujet, en observant qu'il ne fait que répéter ce qui a été dit par plusieurs autres Auteurs qui se sont déchaînés, comme lui, contre cet usage, sans avoir pû empêcher qu'il ne se soit perpétué jusqu'à nos jours. L'on pourroit même lui opposer le peu de succès de ces premières tentatives, avec d'autant plus d'avantage, que ces Auteurs ont tous écrit avant l'Ordonnance de 1670 qui, par les précautions rigoureuses qu'elle a

établies à cet égard, a remédié
à la plupart des inconvéniens
qui avoient excité le zèle de ces
Auteurs. Nous avons remarqué,
en traitant de la Procédure, en
quoi consistoient ces précautions *, & nous avons fait voir
qu'elles sont telles, qu'on doit
regarder aujourd'hui celui qui
est dans le cas d'éprouver ce
tourment, comme étant plus
qu'à demi convaincu du crime ;
ensorte que le danger de con-
fondre l'innocent avec le cou-

---

* *Nota.* La Précision que nous nous sommes proposé ne nous permet pas d'entrer
ici dans le détail de plusieurs autres Précautions qui sont marquées par les Auteurs en pareils cas , soit par rapport aux
différentes *manières* de donner la Question ,
soit par rapport à l'*ordre* qu'on doit garder entre plusieurs accusés , soit par rapport au *tems* qu'elle doit durer , soit enfin,
par rapport à l'*état* actuel où se trouve
l'Accusé pendant ce tourment.

pable n'eſt point à beaucoup
près auſſi à craindre qu'il l'étoit
avant cette Loi. Auſſi, l'on croit
pouvoir aſſûrer avec confiance
que, pour un exemple que l'on
pourroit citer depuis un ſiécle
d'un innocent qui ait cédé à la
violence du tourment, l'on ſeroit en état d'en oppoſer un
million d'autres, qui ſervent à
juſtifier que, ſans le ſecours de
cette voie, la plupart des crimes
les plus atroces, tels que l'*Aſſaſ-
ſinat*, l'*Incendie*, le *Vol de grand
chemin*, ſeroient reſtés impunis;
& par cette impunité, auroient
engendré des inconvéniens beaucoup plus dangereux que ceux
de la Torture même, en ren-
dant une infinité de Citoyens
les innocentes victimes des ſcé-
lérats les plus ſubtils. Ainſi, par
exemple, en fait d'Homicide ou
de Vol, poſons le cas où l'on ne

pourroit trouver le cadavre de la personne tuée, ou l'argent volé, parce qu'ils auroient été cachés dans un certain endroit par le meurtrier, ou le voleur, qui ne voudroient pas le déclarer volontairement. Comment la Justice pourroit-elle parvenir à en avoir connoiſſance, autrement qu'en les forçant de faire cette déclaration par la violence du tourment? & ſi, enſuite de la déclaration qu'ils feroient alors, l'on ſe transportoit dans l'endroit indiqué, & l'on y trouvoit effectivement le cadavre ou l'argent en queſtion, vainement l'Accuſé voudroit-il rétracter enſuite ſa confeſſion, ſur le prétexte qu'elle n'auroit été que l'effet du tourment? Il faudroit du-moins convenir dans ce cas particulier, que, pour avoir été forcée, cette con-

fession n'en seroit pas moins véritable, & que la découverte
qu'elle produiroit étant abso-
lument néceffaire pour l'entière
conviction du crime, on ne pourroit dire alors que la Torture
auroit été inutile, encore moins
injufte & cruelle, comme il plaît
à l'Auteur de la qualifier.

L'on pourroit encore apporter plufieurs autres exemples,
où l'expérience a fait voir pareillement l'utilité de la Torture, fi cette utilité ne fe trouvoit pas d'ailleurs fuffifamment
juftifiée, & par l'*avantage* particulier qu'y trouve l'Accufé lui-
même, en ce qu'on le rend par-
là Juge dans fa propre caufe,
& le maître d'éviter la peine
capitale attachée au crime dont
il eft prévenu, & par l'*impoffi-*
bilité où l'on a été jufqu'ici d'y
fuppléer par quelqu'autre moyen

aussi efficace & sujet à moins
d'inconvéniens , & enfin par
l'*ancienneté* & l'*universalité* de
cet usage qui remonte aux premiers âges du monde , & qui a
été adopté , comme l'on fait ,
par toutes les Nations, & par les
Romains eux-mêmes, qui , quoique dans les premiers tems ils ne
l'ayent employés ordinairement
que pour les esclaves, n'ont pas
laissé que de l'étendre dans la
suite aux personnes libres ; tellement qu'ils n'en exceptoient
que les Personnes illustres, les
Magistrats & les Soldats : & encore y assujettissoient-ils ces
derniers en fait de crimes de
Lèze-Majesté, comme on le voit
sous les titres de *Quæstionibus* au
CODE & au DIGESTE *.

_____

*. V. entr'autres la L. *Ubi clarissimi* , &
la L. *Milites*, & la Loi *Decuriones*, au

Au reste, l'exemple d'une ou deux Nations qu'on prétend s'être écarté en dernier lieu de ce même usage, sont des exceptions qui ne servent qu'à mieux confirmer la Régle générale sur ce point. Mais enfin, s'il étoit question de se décider ici par des exemples, en pourroit-on citer qui puissent paroître moins suspects & en même-tems plus respectables aux yeux de l'Auteur, que ceux que lui fournit son pays même, & généralement tous les Etats qui dépendent de l'Empire? Il suf-

---

titre du Code *de Quæstion.* & la Loi *nullus,* au tit. *ad Leg. Jul. Majest.* . . . .

V. aussi la Loi *Ire. ff. Quæstioni,* sous le même Titre *de Quæstionib.* au Digeste, où en même tems que le Jurisconsulte annonce la Question *ut res fragilis & periculosa,* il convient qu'il y a des cas où elle peut être très-utile *Quæstioni fidem non semper, nec tamen nunquam habenda Constitutionibus declaratur.*

fira pour ne laisser aucune res-
source à ses objections sur ce
point, de lui opposer la disposition des Art. 54 & 61 de la
fameuse Ordonnance de Char-
les - Quint vulgairement ap-
pellée la *CAROLINE*. Le *Pre-*
mier porte, « Qu'il ne suffit
» pas que le Criminel confesse
» son crime dans la Question,
» ni ses circonstances; mais qu'il
» faut encore que le crime & ses
» circonstances soient vérifiées,
» & qu'elles se trouvent telles
» qu'il les a déclaré, ce qu'on
» appelle *constater un Corps*
» *de Délit*, comme *v. g.* vérifier
» si le cadavre est effectivement
» enterré ou jetté dans un tel
» lieu que le criminel a déclaré,
» si l'arme dont il s'est servi, ou
» l'argent qu'il a pris au mort,
» a été caché dans un tel lieu.
L'Article 61 *ajoute* « Que,

» quand les indices criminels
» ont autorisé la procédure de
» la Queſtion, chacun étant
» obligé, ſuivant les Loix, d'é-
» viter non-ſeulement le crime;
» mais même les apparences du
» crime, qui lui donnent un mau-
» vais renom, ou qui forment
» des indices contre lui ; de
» ſorte que celui qui ne ſera pas
» ainſi ſur ſes gardes, ne pourra
» s'en prendre qu'à lui-même
» de la ſévérité qu'il ſe ſera
» attiré.....

4° L'Auteur ſe récrie encore
contre l'uſage de la peine de
MORT. Il prétend qu'il faut l'a-
bolir, & y ſubſtituer celle de
l'*Eſclavage perpétuel*. Les raiſons
particulières ſur leſquels il prétend fonder la néceſſité d'abolir
la peine de mort ſont en *premier
lieu*, » Que les Loix n'étant,
» dit-il, que la ſomme des por-

» tions de liberté de chaque
» particulier, les plus petites que
» chacun ait pu céder, l'on ne
» doit point préfumer que per-
« fonne ait voulu donner aux au-
» tres hommes le droit de lui
» ôter la vie ;... Qu'il ne pouvoit
» pas même le céder (ce droit)
» n'ayant pas celui de fe tuer
» lui-même.... Que d'ailleurs
» cette peine ne fe trouve au-
» torifée par aucun droit ; &
» qu'elle ne pourroit l'être que
» dans un feul cas ; favoir, lorf-
» que, privé de fa liberté, le
» Citoyen auroit encore des re-
» lations & une puiffance qui
» pourroient troubler la tran-
» quillité d'une Nation, & pro-
» duire une révolution dans la
» forme du Gouvernement ».

2° Quant à l'*Efclavage perpétuel*
que l'Auteur voudroit fubftituer
à cette peine, il en donne pour

raifon, « Que ce n'eſt point l'in-
» tenſité de la peine qui fait le
« plus grand effet ſur l'eſprit
» humain, mais ſa durée; Que
» la peine de mort exerce toute
» ſa force dans un court eſpace
» de tems, & par conſéquent
» qu'elle eſt un frein moins puiſ-
» ſant du crime, que le long &
» durable exemple d'un hom-
» me privé de ſa liberté, & de-
» venu un animal de ſervice
» pour réparer par les travaux
» de toute ſa vie le dommage
» qu'il a fait à la Société ».
L'Auteur s'appuie à cet égard
de l'exemple des Romains, & de
celui de l'Impératrice de Ruſſie;
& il répond enfin, à l'objec-
tion tirée de l'exemple contraire
de tous les ſiécles & de toutes
les Nations, en diſant que cet
Exemple n'a aucune force contre
la Vérité à laquelle on ne peut

opposer de prescription. . . . . :

L'on ne peut d'abord qu'être revolté de la singularité de ce prétendu *Contrat Social* sur lequel l'Auteur a bâti son nouveau système ; d'un Contrat, où l'on suppose que les hommes auroient cédé la moindre portion de liberté qu'ils auroient pu, tandis qu'ils se feroient réservés tacitement le droit de priver les autres, non-seulement de leur liberté, mais même de leur vie, sans craindre d'éprouver le même sort ; d'un Contrat, « où » chaque homme, comme l'Au- » teur le dit ailleurs, se fait le **P. 111** » centre des toutes les combinai- » sons de l'Univers, & auroit en- » tendu lier les autres envers lui » sans se lier lui-même ». . . . . Où feroit donc cette égalité, cette réciprocité qui doit faire la baze de tous les engagemens ? Où

seroit cette proportion exacte
qui doit se trouver entre le crime & la peine; si l'on pouvoit
priver du plus grand de tous
les biens temporels qui est la
vie, sans s'exposer soi-même à
souffrir le plus grand de tous
les maux qui est la privation
de ce même bien, sans lequel
tous les autres deviennent inutiles? Ainsi, ne fût-ce que relativement au crime de l'*Homicide*, il faudroit du-moins convenir qu'il y auroit une injustice souveraine de ne point faire
souffrir aux meurtriers la même
peine qu'ils font souffrir aux
autres *, & par conséquent que
le système de l'Auteur se trou-

_____

* Quicumque sanguinem humanum effu-
derit, ejus quoque sanguis effundetur.
Genes. Cap 9. *v.* 6.

veroit viũblement en défaut à
cet égard.

Mais ce n'eſt pas ſeulement
contre le Droit *naturel* , & le
Droit *des gens* que peche le
ſyſtême de l'Auteur, il eſt encore contraire à toutes ſortes
de Droits *poſitifs* , l'on veut dire
au Droit civil & canonique, au
Droit commun de toutes les
Nations, & à l'Expérience de
tous les ſiécles, qui autoriſent
en même-tems qu'ils juſtifient
la néceſſité de l'établiſſement de
la peine de Mort.

1º L'on dit d'abord que ce ſyſtême eſt contraire à la diſpoſi-
tion du Droit *canonique* * qui
autoriſe cette peine d'après les

---

* Qui malos percutit in eo quod mali
ſunt, & habet vaſa interfectionis ut occidat
peſſimos , miniſter eſt Domini. *Can* 29. *Qu.*
5. *Can.* 23. V. auſſi *Can.* 27. *Ibid.*

Livres faints où le fouverain
Légiflateur en donne le Pré-
cepte par une Loi pofitive *; &
fur-tout dans ce beau paffage de
Saint Paul **, où en parlant de
l'autorité du Prince fur la vie
des Malfaiteurs, il dit que *Non
fine caufa gladium portat*. L'on
a lieu de penfer que ces citations ne paroîtront point étran-
gères à un Auteur Italien.

2° Il eft auffi contraire à la
difpofition du Droit *civil*; ceft
ce qui paroît d'abord par la Loi
des 12 Tables †, & enfuite par
une foule de Loix du Digefte

---

* Si quis per induftriam aut infidias oc-
ciderit proximum fuum, ab altare meo
evelles eum ut moriatur, *Exod*. 21. *v*. 14.
** *Epift. S. Paul. ad Rom.Cap*. 13. 4.
† Qui alienas œdes aceryumque fru-
menti juxta pofitum dolo malo commifit
vinctus, verberatus, igne necatur.

&

& du Code, qui prononcent ex-
preſſément cette peine, non-ſeulement en fait d'homicide ; mais
encore pour de certains crimes
qui troublent eſſentiellement
l'ordre public, comme l'*Incendie*, &c.

3° Il eſt de plus contraire au
Droit *commun* de toutes les
Nations. En effet, l'on oſe dé-
fier l'Auteur d'en citer aucune
où cette peine n'ait toujours été
en uſage. L'exemple unique de
l'Impératrice de Ruſſie ne peut
être oppoſé à ce cri général de
toutes les Nations ; & il peut
d'autant moins être tiré à conſéquence, qu'il n'eſt fondé uniquement, comme l'on fait, que ſur la
ſituation particulière d'une Pro-
vince qui tendoit à favoriſer la
ſingularité de ce plan. D'ailleurs
l'Auteur peut d'autant moins
ſe prévaloir de cet exemple,

H

qu'il contrarie ouvertement le Principe général dont il convient lui-même; savoir, « Que » la peine, pour être juste, doit » être publique, & qu'elle ne » doit point s'exécuter dans » un lieu éloigné de celui où » a été commis le crime, de » peur que l'exemple ne soit » perdu pour la Nation ».

P. 153 & 162.

4° Enfin ce système est contraire à l'*Expérience* de tous les siécles, qui nous apprend que, de tous les moyens qui ont été employés jusqu'ici pour arrêter le progrès des crimes, on n'en a point trouvé de plus efficace que celui d'y attacher la peine du dernier supplice. C'est la raison qu'en rendent tous les Législateurs dans le préambule de leurs Loix. C'est entr'autres le motif particulier qui a déterminé l'imposition de cette peine

pour les crimes de Faux & du
Vol, comme on peut le voir par
les Ordonnances de nos Rois.

Mais enfin, ce qui acheve de
démontrer toute la nécessité
qu'il y a de laisser subsister cette
peine, c'est l'impossibilité même
où l'on a été jusqu'ici d'en trouver aucune autre qui soit capable de la remplacer; & cette
impossibilité se prouve par l'in-
suffisance même de celle que
l'Auteur propose comme la plus
capable d'y suppléer. En effet il
faut convenir que l'*Esclavage
perpétuel* dont il parle, est une
peine insuffisante, si elle ne rem-
plit aucune des trois *fins* pour
lesquelles les peines sont établies; savoir, de réparer le préjudice fait au particulier par le
crime, d'assûrer l'ordre public
en détournant les autres du
même crime par la sévérité de

l'exemple, & enfin de contenir
le criminel, & l'empêcher de
retomber lui-même dans le crime, & de nuire davantage à la
Société.

1° D'abord, l'on ne peut
dire que, par l'*Esclavage perpétuel*, le Particulier, qui a souffert du crime, soit suffisamment
vengé; puisque si c'est un meurtre,
les héritiers de la personne tuée
ne peuvent trouver de confo-
lation, ni de dédommagement
de la perte qu'ils ont faite, que
par la destruction même du meurtrier, ou par le dépouillement
de ses biens; & si la personne
envers qui le crime a été commis est encore vivante, l'on ne
fait que lui rappeller son malheur par le spectacle de celui
qui en a été l'auteur, & qui
oseroit même encore la braver
au milieu de son supplice.

2° L'on ne peut dire non plus, que l'Intérêt public feroit fatis-fait, puifque l'efclavage n'em-pêcheroit point que le criminel ne puiffe nuire encore à la So-ciété de plufieurs manières, *foit* par le fcandale que donneroit fa préfence & le fouvenir de fon crime ; *foit* par l'habitude de le voir, qui diminueroit in-fenfiblement l'horreur falutaire que doit infpirer le crime ; *foit* par le danger de fa fréquenta-tion qui le mettroit à portée de communiquer la contagion, non-feulement à ceux qui fe-roient affociés à fa peine ; mais encore à ceux qui feroient char-gés de pourvoir à fes befoins ; *foit* enfin par le grand nombre de ces criminels, dont l'exiftence deviendroit une furcharge pour l'Etat, & l'appauvriroit bien-tôt tant en *troupes*, à caufe de la multitude de personnes qu'il faudroit pour les garder, qu'en *argent* à cause des frais immenses qu'entraîneroit leur subsistance.

3° Enfin l'on ne peut dire que cette peine soit capable de contenir suffisamment le Criminel, en ce que, s'il est riche & d'un rang distingué, il pourroit non-seulement trouver le secret de tempérer la rigueur de son supplice par les secours qu'il tireroit de sa famille; mais même se soustraire entiérement à la peine par les séditions qu'il pourroit exciter, ou par la corruption de ses gardes; & que, si au contraire il est de condition vile, & né dans le sein de l'indigence, bien loin que l'esclavage fût pour lui une peine rigoureuse, il ne feroit qu'adoucir en quelque sorte son sort, en lui assûrant du pain pour le reste de ses jours, & le délivrant par-là d'un souci qui faisoit le principal malheur de sa vie, & qui avoit peut-être été le seul aiguillon qui l'avoit porté au crime.

Concluons donc de tout cela? que ce n'est point tant la durée de la peine, comme l'Auteur le prétend, que la durée de l'impression que la rigueur de cette même peine fait nécessairement sur les esprits, qu'il fa t considérer en cette matiere. Ainsi, comme la peine de Mort est, sans contredit, de toutes les peines celle qui est la plus capable de faire impression sur les esprits par son extrême rigueur, & par les torts irréparables qu'elle entraîne; ce n'est donc que par cette sorte de peine que l'on peut punir les crimes les plus atroces & les plus nuisibles à la Société.

5° L'Auteur voudroit bannir des Jugemens la peine de la CONFISCATION. L'on croiroit d'abord, que c'est uniquement par haine contre le FISC dont il se plaint que l'esprit domine singuliérement dans notre Jurisprudence : mais, comme la raison qu'il en rend est la même que celle sur laquelle il se fonde d'ailleurs, pour prouver qu'on ne doit point prononcer de peines pécuniaires en fait de vol; savoir, que ces sortes de condamnations tendent à précipiter des familles innocentes dans l'indigence & dans le désespoir; il y a lieu de croire que le principal but de l'Auteur en ceci, est de bannir en général toutes les peines *pécuniaires*, & cela dans la vue de favoriser les familles des coupables: c'est-à-dire qu'une famille, qui se seroit enrichie du

fruit

fruit des rapines d'un scélérat,
& dans le sein de laquelle il auroit puisé lui-même la déprava-
tion de ses mœurs, *soit* par la
négligence qu'on auroit apporté
à son éducation, *soit* par les mauvais exemples qu'il y auroit re-
çu, mérite plus de considération
& de ménagement aux yeux de
l'Auteur, que l'innocent même
qui auroit été la victime de son
crime, ou que la famille de ce
dernier, qui en auroit ressenti les
suites fâcheuses.

Est-ce donc là bien entendre
les intérêts de l'humanité, &
mériter le glorieux titre que
l'Auteur se donne d'en être le
Défenseur ? Mais non, c'est encore trop faire grace à l'Auteur, que de ne lui supposer ici
qu'un simple motif de commi-
sération pour les malheureux :
Qui ne voit qu'il en est un autre

I

qui l'affecte encore davantage, par cette exclamation féditieufe qu'il fait en parlant du Droit de propriété, lorfqu'il dit : *DROIT*

P. 206. *TERRIBLE, & qui ne feroit peut-être pas néceffaire......*

6° Toujours rempli de l'idée de fon Pacte focial, & que le crime n'eft autre chofe que la violation de ce même Pacte, l'Auteur prétend que la gravité du crime, & la grandeur de fa peine, ne doivent fe méfurer que fur la grandeur du *dommage* qu'il caufe au Public ; & il veut en conféquence que l'on n'ait égard, ni à l'intention de celui qui le commet, ni à la qualité de celui envers qui il eft commis, ni même à la grandeur de l'offenfe faite à Dieu.

D'abord, il ne veut point que l'on confidère l'*intention*, parce que, dit-il, les hommes ne peu-

vent la connoître, à moins que P.179.
Dieu ne la leur révèle; & que
souvent avec la meilleure intention l'on peut nuire à la société;
tandis qu'avec la plus mauvaise P.177.
intention, l'on peut lui rendre des
services essentiels. C'est-à-dire,
suivant l'Auteur, que l'on ne
doit avoir aucun égard aux actes
extérieurs qui manifesteroient
cette intention, pas même aux
actes les plus *prochains* du crime & qui en seroient insepa-
rables : ensorte que, si un particulier avoit été vû en embus-
cade sur un grand chemin, à une
heure indue, tirant un coup de
fusil dont il auroit tué un homme,
qu'il auroit ensuite dépouillé de
ses effets, desquels il se trouveroit
saisi au moment de sa capture;
il faudroit, en partant du système
de l'Auteur, une révélation pour
s'assûrer que ce même particu-

lier eſt un Aſſaſſin & un Voleur.
Ce n'eſt pas tout: ſi, pour juger
de la grandeur du crime & de
la punition qu'il mérite, l'on
ne devoit point tant conſidérer
l'intention, que la grandeur du
dommage réel cauſé à la ſociété, il s'enſuivroit encore, que
non-ſeulement l'inſenſé & l'im-
pubere ne devroient pas être
moins punis, que tout autre qui
auroit cauſé le dommage en pleine connoiſſance de cauſe; mais
que celui qui, par un cas fortuit,
ou par une ſimple négligence,
auroit mis le feu à ſa maiſon,
& par-là occaſionné l'incendie
de celles de ſes voiſins; ou dont
le fuſil ſeroit parti par mégarde
& auroit bleſſé ou tué un homme qui paſſoit dans la rue; ou
enfin qui auroit tué dans la
néceſſité d'une légitime défenſe,
auroit fait un plus grand crime

& devroit être puni plus rigou-
reusement que celui qui, à des-
sein prémédité (*dolo malo*) auroit tenté de mettre le feu, ou
de tuer, & qui en auroit été em-
pêché par quelqu'obstacle sur-
venu ; par cela seulement que
le premier auroit en effet causé
plus de dommage que le dernier
qui auroit fait néanmoins tout
ce qui dépendoit de lui, pour
en causer de beaucoup plus con-
sidérables. Toutes ces consé-
quences qui se présentent si na-
turellement à l'esprit, suffiroient
sans doute pour faire réjetter
avec horreur un pareil système,
quand il ne seroit pas d'ailleurs
réprouvé hautement par les
Loix, suivant lesquelles on doit
si bien considérer l'*intention*,
qu'elles veulent même qu'en fait
de crimes atroces, tel que l'as-
sassinat, l'on punisse le simple

attentat auffi rigoureufement
que fi le crime avoit été entiérement confommé*, & qu'au
contraire l'on ne puniffe point
une action, quoique mauvaife
de fa nature, fi elle n'eft point
faite à mauvais deffein †.

L'Auteur prétend, en fecond
lieu, que l'on ne doit pas non
plus dans l'impofition de la peine
avoir égard à la *Qualité* de
celui envers qui le crime a été
commis ; & il en donne pour
raifon, que tous les hommes dé-

---

* In maleficiis voluntas fpectatur non
exitus. *V. L.* 14, *ff. ad Leg. Corn. de Sicc.*
Qui hominem voluntariè occidere vo-
luerit, & perpetrare non potuerit, homi-
cida tamen habetur. *V. Capitul. de Char-
lemagne. Cap.* 5. *lib.* 7.

† Divus Adrianus refcripfit eum qui
hominem occidit, fi non occidendi animo
hoc admifit abfolvi poffe. *L. Divus Adr.
ff. ad Loy Cornel. de Sicariis.*

Crimen enim contrahitur, fi & voluntas nocendi intercedat. *V. L.* 1. Ibid.

(·103·)

pendent également de la société dont ils font membres. Il veut ^{P. 179.} auffi par la même raifon, que l'on puniffe les perfonnes du plus haut rang, comme le dernier des Citoyens.

L'on fent encore tout le danger & l'abfurdité d'un tel principe, qui n'eft pas feulement contraire à la difpofition des Loix, qui ont toujours diftingué la Qualité des perfonnes dans l'ordre des peines; & même à l'expérience journalière qui nous apprend que les perfonnes d'une condition relevée ayant plus à cœur l'honneur que la vie même *, l'impofition d'une fimple peine infamante fait fur

---

* Mors eis folatium eft & vita fupplicium. *Juft. Lipf. de Conft. Lib.* 2. C. 17. *V. L.* 3. *ff. Legis Cornelia.* & *L. penult. ff. ad Leg. Cornel. de Siccar.*

I 4

eux une plus vive impreffion, que
ne feroient des peines corporelles fur des perfonnes de baffe
condition; mais il eft encore
contraire au propre fyftême de
l'Auteur, en ce que l'intérêt public qu'il a fi fort en vue, demande
qu'on ait des égards particuliers
pour des perfonnes nobles ou
conftituées en dignité, dont l'ex-
tinction ou la flétriffure ne pourroient manquer de caufer du
dommage à la fociété. Ce n'eft
pas à la vérité, qu'il n'y ait de
certains crimes atroces, dont la
noirceur dégrade l'humanité, tels,
que l'affaffinat, & pour lefquels la
Loi veut que les coupables foient
punis fans aucune diftinction de
qualités. C'eft même une maxime
particulière de notre Droit Fran-
çois *. Mais, hors ce cas particu-

_____

* V. Loyfel, Reg. 29. lib. 6. tit. 2. V.
auffi l'art. 194, l'Ordonnance de Blois.

lier, il faut convenir, encore une fois, que rien ne feroit plus abfurde, & en même-tems plus dangereux, que de vouloir établir pour règle générale, comme fait l'Auteur, que la Qualité des perfonnes ne doit point influer fur la grandeur du crime ni de la peine ; puifque, fi cela étoit, les Enfans & les Furieux ne devroient pas être moins punis, que toute autre perfonne jouiffant de fa pleine raifon, le Médecin qui empoifonneroit, le Tuteur qui violeroit fa Pupille, le Geôlier qui abuferoit de fa Prifonnière, le Notaire qui feroit un acte faux, l'Orfévre qui feroit de la fauffe monnoie, ne feroient pas plus coupables & ne devroient pas être puni plus févérement que de fimples Particuliers qui feroient tombés dans les mêmes crimes.

Par une suite du même syste-
me, l'Auteur va encore jusqu'à
p' n re qu'on ne doit point
con d er la gravité du crime
par rapport à la grandeur de
l'offense *qu'il fait à* DIEU,
parce que, dit-il, la grandeur
du péché dépend de la malice
du cœur, que les hommes ne
peuvent connoître, à moins que
Dieu ne la leur révèle. Pitoyable
subterfuge que nous avons ré-
futé d'avance, & qui se trouve
d'ailleurs confondu sans ressour-
ce par toutes les Loix, tant divines qu'humaines. Par *Loix
divines*, nous voulons parler de
celles que le suprême Législateur a tracé lui-même aux Con-
ducteurs de son Peuple, & où
l'on voit entr'autres qu'il y a des
peines publiques portées contre
les Blasphémateurs, les Sacrilé-
ges, & autres criminels de Lèze-
Majesté Divine,

Ce sont ces mêmes Loix qui
ont servi de fondement à celles
que tous les Princes Chrétiens
ont rendu en conséquence pour
la punition de ces sortes de crime * ; parce qu'en effet ils ont
senti que la Religion étant sans
contredit une partie essentielle
de l'ordre public, toutes les fois
que la violation du respect qui
lui est dû s'est manifesté par des
actes extérieurs, il faloit nécessairement la punir par des peines extérieures, qui réparent le
scandale que cette violation a
causé dans le Public, & empê-
chent les autres de tomber dans
le même cas,

*Res autem humanæ aliter tutæ esse
non possunt, nisi quæ ad divinam Con-
fessionem pertinent & regia & sacerdota-
lis deffendat authoritas. Can. 21 Qu. 5.
Cauf. 22. V. aussi les tit. du Cod. de Hæret. &
Manich...de Apostatis... de Judæis... de Paga-
nis & Sacrif.

Il résulte de tout cela, que mal-à-propos le Crime est défini par l'Auteur, la violation du Pacte social; & qu'il n'est autre chose que la violation de la Loi, sans la connoissance de laquelle il n'y auroit, comme dit S. Paul, point de péché*.

7° Enfin l'Auteur ne cesse de se récrier contre la *cruauté* de nos peines en général; il prétend que c'est le but principal de notre Jurisprudence, & il entreprend de la combattre, en posant pour maxime certaine, que la morale politique ne peut procurer à la société quelqu'avantage durable si elle n'est fondée, *P. 10.* dit-il, sur les sentimens ineffables du cœur; que ce sont ces mêmes sentimens qu'il faut consulter

---

* Peccatum non cognovi nisi per legem. *Epist. ad Rom. Cap.* 5. ℣. 17.

pour y trouver l'origine des peines, & les véritables fondemens
du droit de punir ; & en conféquence il prétend que, dans
l'impofition des peines, l'on doit
toujours préférer celles qui font
l'impreffion la plus efficace & la
plus durable fur l'efprit des hommes, & en même-tems qui foit
la moins cruelle fur le corps du
coupable. *P. 107.*

La fauffeté & l'illufion de
cette prétendue maxime font fi
frappantes, qu'elles fe font encore mieux fentir qu'elles ne
peuvent s'exprimer. D'abord,
comment ne feroit-on pas revolté d'entendre dire ici à l'Auteur, que, dans l'impofition des
peines, l'on doit refpecter la fenfibilité du coupable pour la douleur? après qu'on l'a vu ailleurs pofer cette autre maxime
que *chaque homme fe fait le cen-* *P. 11.*

tre de toutes les combinaisons de l'Univers ; ... *Que le plaisir & la douleur sont les principes de toute action dans les Etres sensibles, & que c'est pour cela que, dans l'ordre même de la Religion, le suprême Législateur a placé les peines & les récompenses.* .... En effet, en partant même de l'aveu de l'Auteur, ne pourroit-on pas lui répondre, que c'est précisément parce que chaque homme se rapporte à lui-même ce qu'il voit faire à autrui, & qu'il a de l'horreur naturelle pour la douleur, qu'il étoit nécessaire de préférer, dans le choix des peines, celle qui est la plus cruelle sur le corps du coupable, pour que cette peine puisse faire cette impression *durable* dont parle l'Auteur; ou plutôt pour qu'elle puisse produire l'effet salutaire que la Loi en attend; c'est-à-

P.169

dire, d'empêcher le coupable de commettre d'autres crimes, & de détourner les autres hommes de commettre le même crime pour lequel ils voyent qu'il eſt ſi rigoureuſement puni.*

Mais, ſans nous arrêter à combattre l'Auteur par ſes propres armes, rappellons-le encore une fois aux vrais principes de la matière, qu'il s'efforce perpétuellement de défigurer. Il faut bien peu connoître le cœur humain, & les différens reſſorts qui le font mouvoir, pour oſer aſſûrer, comme fait l'Auteur, que c'eſt dans les ſentimens qu'il inſpire, qu'on doit chercher la régle de ſes jugemens. C'eſt juger des hommes parce qu'ils doi-

---

* Ut aut ipſe qui punitur, corrigatur experimento, aut alii terreantur exemplo. CAN. 37. Qu. 8. Cauſ. 13.

vent être & non point par ce qu'ils font. Qui ne fait en effet qu'étant conftitués, comme ils font avec des paffions, le plus fouvent leur humeur domine fur leurs fentimens ? Que ces hûmeurs font prefqu'auffi variées que les vifages : Que, s'il y a des hommes rigides & inflexibles, il y en a auffi de fi indulgens & fi faciles que, non contens d'adoucir la juftice, ils l'accommodent à toutes les foibleffes, & là font confifter, comme dit l'Auteur, dans la *tolérance des erreurs humaines.*

Qui ne fait d'ailleurs que, depuis leur multiplication, les hommes ayant été obligés de vivre féparément, & tous les climats n'infpirant point les mêmes inclinations (tellement qu'en changeant de pays, l'on change fouvent de mœurs & d'occu-

d'occupation) dès-lors, il n'a plus
été possible de réduire ces différens Peuples sous des Loix uniformes; encore moins, de laisser
aux personnes même qui avoient
été offensées, le soin de vanger
leur propre injure ; & c'est en
conséquence qu'il a fallu des
Souverains & des Magistrats,
pour mettre cette juste proportion entre la Peine & l'Offense.

A la vérité, si les hommes s'é-
toient conservés tels qu'ils sont
sortis des mains du Créateur, il
suffiroit de les renvoyer à leur
propre Cœur, & à leur propre
Conscience qui ne varie point
dans ses Jugemens, & qui se regle toujours par une Loi fixe &
immuable comme son Auteur ;
au lieu que les Loix, qui sont
l'ouvrage des hommes, sont su-
jettes à être révoquées, & à
éprouver divers changemens.

K

dans les différens siecles, & dans les différens tems. Ainsi, voyons-nous que les Loix qui étoient propres dans les Commence-mens d'un Etablissement, ont cessé de l'être dans ses progrès; Que celles qui étoient propres à Athénes ne l'étoient point à Lacédémone; Que ni les unes ni les autres n'ont point suffi aux Romains; & que celles même de ce dernier Peuple ne se sont conservées que dans certaines portions des Pays qui sont sortis de leur Domination.

Cela n'empêche pas néan-moins, que ces Loix, toutes im-parfaites qu'elles sont, par l'effet d'un malheur attaché à la con-dition humaine, n'ayent pris pour base l'Equité naturelle; tel-lement que, comme il y a cer-tains crimes dont l'atrocité ou la légéreté dépendent principa-

lement des circonstances qui
peuvent varier à l'infini, elles
laissent le plus souvent, comme
nous l'avons dit, à la prudence
& à la Religion des Juges le
foin d'augmenter ou de dimi-
nuer les peines, fuivant ces mêmes circonstances. Au reste,
nous avons obfervé en même
tems, qu'en général le penchant
des Loix ne va point à punir,
& qu'elles ne condamnent jamais qu'à regret: enforte que
l'on peut dire que ce n'eft ni
la Loi, ni le Juge, mais le crime
qui livre au fupplice; Que le
Juge, en faifant exécuter la Loi,
doit, comme un Père qui cor-
rige fon enfant, le faire fans
humeur; ou comme un fage Médecin qui applique le fer & le
feu à un membre, pour fauver
le refte du corps; Que l'indulgence dont il uferoit pour lors

seroit plus meurtrière & plus
dangereuse à la société, que la
dureté la plus excessive, en ce
que celle-ci ne tomberoit que
sur le Particulier qui en seroit
la victime, au-lieu que l'autre
réfléchiroit nécessairement contre tout le Public*. Qu'en un mot
cette indulgence ne doit être
employée proprement, suivant
l'esprit des Loix, que lorsqu'il
n'y a pas de preuve suffisante,
pour déterminer l'application
de la Peine qu'elles ont attachée
au crime; ou bien lorsqu'il s'agit
de certains crimes qui ne sont
point atroces de leur nature, &
qui peuvent être excusés par les

---

* Adhibenda est enim reipublicæ causâ
severitas sine qua administrari Civitas nul-
la potest. *Cicer. de Offic. lib.* 2.
 Non est iniquitatis, sed potius humani-
tatis societati devinctus, qui propterea
est criminis persecutor, ut sit hominis li-
berator. *Cap.* 17, Q4, 5, Caus. 23.

circonstances, telles que le cas
fortuit, l'erreur, ou la néceſſité
d'une légitime défenſe.

De tous ces Brincipes il faut
donc conclure, qu'il n'eſt pas
poſſible de vouloir ériger, comme fait l'Auteur, la Douceur des
peines en maxime générale, ni
par conſéquent de chercher,
comme il le prétend, dans les
ſentimens ineffables du cœur,
la véritable régle qui doit déterminer l'application de ces peines ; Que cette régle ne peut
ſe trouver encore une fois, que
dans cette équité naturelle qui
fait à propos rendre les Loix
douces & traitables, ſans leur
rien ôter que leur exceſſive dureté ; & qui, tenant ſans ceſſe
un juſte milieu entre la rigueur
& la clémence, fait toujours
mettre cette exacte proportion
entre le crime & ſa peine.

(118)

Nous ne croyons pouvoir mieux terminer cette Analyse, que par ces réflexions générales, qui sont fondées sur des Principes inébranlables, justifiés par l'expérience la plus constante, & contre lesquels viendront toujours échouer des systêmes enfantés par un esprit de contradiction & de nouveauté.

Je suis,

MONSIEUR,

Votre, &c.
MUYART DE VOUGLANS,
Avocat au Parlement,

Paris, ce 10 Novembre 1766.

APPROBATION.

J'ai lu, par ordre de Monseigneur le Vice-Chancelier, un Manuscrit intitulé, *Lettre contenant la réfutation de quelques Principes hasardés dans le nouveau Traité des* Délits *& des* Peines, *traduit de l'Italien ;* je crois que l'impression de cet Ouvrage sera très-utile au Public. A Paris ce 25 Novembre 1766.

PONCET DE LA GRAVE.

www.ingramcontent.com/pod-product-compliance
Lightning Source LLC
Chambersburg PA
CBHW051741090426
42738CB00010B/2355